LES PRODROMES DE FRŒSCHWILLEP

OU

40 Heures de Stratégie

DE MAC-MAHON

PAR

LE LIEUTENANT-COLONEL DE CUGNAC

Du 2ᵉ régiment de Chasseurs d'Afrique

AVEC TROIS PLANCHES

LIBRAIRIE MILITAIRE BERGER-LEVRAULT

Éditeurs de la *Revue Militaire générale*

PARIS | NANCY
5-7, Rue des Beaux-Arts, 5-7 | 18, Rue des Glacis, 18

1911

Deuxième édition

LES PRODROMES DE FRŒSCHWILLER

ou

0 Heures de Stratégie

DE MAC-MAHON

PAR

Le Lieutenant-Colonel DE CUGNAC

Du 2ᵉ régiment de Chasseurs d'Afrique

AVEC TROIS PLANCHES

LIBRAIRIE MILITAIRE BERGER-LEVRAULT

Éditeurs de la *Revue Militaire générale*

PARIS

5-7, Rue des Beaux-Arts, 5-7

NANCY

18, Rue des Glacis, 18

1911

Deuxième édition

Extrait de la *Revue militaire générale*

LES PRODROMES DE FRŒSCHWILLER

ou

40 Heures de Stratégie

DE MAC-MAHON

SOMMAIRE

AVANT-PROPOS

Il s'est écoulé environ quarante heures entre le 4 août 1870 à 2 heures de l'après-midi et le 6 août à 9 heures du matin, entre la fin du combat de Wissembourg et le début de la bataille de Frœschwiller.

C'est pendant ces quarante heures que se sont déroulés les préliminaires stratégiques de cette bataille, que les ordres ont été donnés et les télégrammes envoyés, que les résolutions ont été prises.

Le maréchal de Mac-Mahon commandait une armée non concentrée. Il avait à opérer sur un théâtre d'opérations distinct, tout en faisant partie d'un groupe d'armées et en restant dépendant d'un généralissime dont il recevait des instructions.

Le général de Failly était mis brusquement sous les ordres d'un chef dont il était éloigné.

La façon dont ils ont envisagé leur mission, les événements qui en ont découlé sont fort instructifs à méditer, non seulement au point de vue de l'histoire, mais aussi en songeant à l'avenir où des circonstances analogues peuvent se présenter.

Les documents déjà publiés sur les journées des 4, 5 et 6 août sont fort nombreux ; mais jusqu'ici les survivants des états-majors des 1er et 5e corps n'avaient pas été interrogés.

Nous avons tenté de combler cette lacune. Nous avons questionné tous ceux qui ont vécu près des commandants de corps d'armée à ces heures solennelles. Leurs récits apportent une importante contribution à l'histoire sincère. Ils permettent de reconstituer à peu près complètement la vie des quartiers généraux à la veille du 6 août. Ils nous font connaître l'état d'âme des chefs qui avaient à prendre les graves décisions dont allait dépendre le sort de la première bataille ([1]).

---

1. Nous adressons ici nos respectueux et très vifs remerciements à tous ceux qui ont bien voulu nous aider et nous guider dans cette étude ; ce sont :

Pour le 1er corps :

Le général Broye, qui était en 1870 lieutenant-colonel, aide de camp du maréchal de Mac-Mahon ;

Le général d'Abzac, qui était en 1870 chef d'escadrons, aide de camp du maréchal de Mac-Mahon ;

Le général de Vaulgrenant, qui était en 1870 capitaine, officier d'ordonnance du maréchal de Mac-Mahon ;

Le général Tissier, qui était en 1870 chef d'escadrons à l'état-major du 1er corps d'armée ;

Le général Rau, qui était en 1870 capitaine à l'état-major du 1er corps d'armée ;

Le général Riff, qui était en 1870 capitaine à l'état-major du 1er corps d'armée ;

Le général Kessler, qui était en 1870 capitaine à l'état-major du 1er corps d'armée.

Pour le 5e corps :

Le général Haillot, qui était en 1870 chef d'escadrons, aide de camp du général de Failly ;

Le général de Lanouvelle, qui était en 1870 capitaine à l'état-major du 5e corps d'armée ;

Le général de Piépape, qui était en 1870 capitaine à l'état-major du 5e corps d'armée.

Nous devons aussi mentionner le comte de Leusse, habitant Reichshoffen, auquel les circonstances ont fait jouer un rôle important les 5 et 6 août.

En suivant ici, pas à pas, les états-majors des 1er et 5e corps d'armée pendant un jour et demi, en ne sachant que ce qu'ils ont su, en ignorant ce qui leur était inconnu, nous tenterons de concevoir les difficultés dans lesquelles ils se sont trouvés et de revivre leur vie à ces heures difficiles. Nous les verrons en proie à l'incertitude, aux prises avec les difficultés matérielles; nous lirons les ordres envoyés, nous constaterons l'extraordinaire lenteur de leur transmission, l'attente vaine des réponses et des renseignements.

L'officier qui veut s'instruire et se préparer à être un utile auxiliaire du commandement doit porter son attention sur ce côté psychologique de l'histoire. Il doit étudier les ordres donnés et les résolutions prises en se pénétrant bien de la situation dans laquelle étaient ceux qui ont donné ces ordres, en recherchant ce qu'ils savaient, en analysant les renseignements justes ou faux qu'ils possédaient, en faisant table rase des événements connus aujourd'hui. Il faut se mettre le plus possible à la place de ceux dont on étudie les actes pour apprécier sainement ce qu'ils ont fait. Ce n'est qu'après avoir agi ainsi qu'on peut tenter de les juger.

L'histoire militaire qui se fait différemment, l'histoire qui s'écrit en lisant en même temps dans les deux jeux, en portant sur une carte les situations exactes des deux partis, peut être la reproduction fidèle des événements, le précis des faits écoulés. C'est un mémento pour débutants ou un agréable récit anecdotique pour gens inoccupés; c'est un genre d'histoire qui n'est utile en rien à des hommes mûrs qui réfléchissent et qui veulent s'instruire.

L'étude que nous faisons ici sera sans doute trouvée plus aride. Elle sera peut-être aussi plus fructueuse.

Nous croyons que c'est dans cette voie que doivent travailler ceux qui, surtout en matière stratégique, veulent tenter de faire un peu de critique d'histoire militaire.

SITUATION INITIALE

Le maréchal de Mac-Mahon était arrivé le 23 juillet à Strasbourg prendre le commandement du 1ᵉʳ corps d'armée ([1]).

Le 24, le 7ᵉ corps, commandé par le général F. Douay, était mis à sa disposition ([1]).

Le rôle de Mac-Mahon était tracé par les instructions qu'il avait reçues.

Le 24 juillet, le major général l'avait informé que sa mission était « de défendre la frontière d'Huningue à Lauterbourg et aux premières crêtes des Vosges » ([1]).

Le major général venait en chemin de fer à Strasbourg le 30 juillet. Il en repartait le soir avec le maréchal de Mac-Mahon ; ils étaient dans la nuit à Metz. Le 31 juillet, après la messe militaire à la cathédrale, le maréchal de Mac-Mahon avait une conférence avec l'Empereur. Vers 1 heure de l'après-midi, il quittait Metz et arrivait le soir à Strasbourg ([2]).

Il semble que le maréchal avait fait ce voyage dans le but de faire des propositions au sujet de la mission qui lui avait été donnée : « ..... Ne pouvant défendre directement la frontière entre Wissembourg et Lauterbourg, le maréchal prit le parti de concentrer ses forces sur le versant est des Vosges, de manière à conserver ses communications avec l'armée principale, établie sur le versant opposé... L'Empereur ayant approuvé le projet ([3])... »

---

1. *Revue d'Histoire*, mars 1901, page 581, « Notes dictées à Wiesbaden par le maréchal de Mac-Mahon ».

2. C'est par erreur que Mac-Mahon a écrit dans ses souvenirs : « Je vis l'Empereur le 30 juillet » (*Revue d'Histoire*, janvier 1901, page 107).
La date du voyage à Metz nous est donnée d'une façon certaine par un des deux officiers qui accompagnaient le maréchal pendant ces deux jours. D'ailleurs, le 31 juillet 1870 était un dimanche.

3. « Notes de Wiesbaden » (*Revue d'Histoire*, mars 1901, page 582).

Mac-Mahon partit donc de Metz avec des instructions précises. Elles sont indiquées, au moins dans leur essence, par le télégramme que le maréchal envoyait, le 1er août, au général F. Douay, commandant le 7e corps : « L'Empereur désire que le 1er corps quitte Strasbourg en entier pour se rapprocher de la frontière nord (¹)..... »

Le 2 août, le maréchal de Mac-Mahon allait passer quelques heures, dans la matinée, à Reichshoffen, pour donner verbalement ses instructions au général Ducrot.

Le 4 août, au matin, le 1er corps avait ses forces disposées de la façon suivante :

2e division (Abel Douay), au sud de Wissembourg ;
1re division (Ducrot), à Lembach ;
3e division (Raoult), à Haguenau ;
4e division (Lartigue), à Strasbourg ;
Réserve d'artillerie, à Strasbourg ;
Division de cavalerie Duhesme, à Wissembourg, Seltz, Brumath ;
Division de cavalerie Bonnemains, à Phalsbourg et Saverne.

Les troupes du 7e corps (général Félix Douay) étaient :

1re division (Conseil-Dumesnil), à Colmar ;
2e division (Liébert), à Belfort ;
Division de cavalerie Ameil, à Belfort et Altkirch ;
Réserve d'artillerie, à Belfort ;
La 3e division d'infanterie (Dumont) était encore à Lyon.

A la même date, le 5e corps d'armée, commandé par le général de Failly et dépendant directement du général en chef à Metz, était disposé de la façon suivante :

La 3e division (Guyot de Lespart), à Bitche ;
La 1re division (Goze), à Sarreguemines ;
La 3e division (L'Abadie), à Sarreguemines ;
La division de cavalerie Brahaut, de Niederbronn à Sarreguemines ;
La réserve d'artillerie, à Sarreguemines.

---

1. « Souvenirs inédits du maréchal de Mac-Mahon » (*Revue d'Histoire*, mars 1901, page 583).

RENSEIGNEMENTS REÇUS PAR MAC-MAHON
DANS LES PREMIERS JOURS D'AOUT

Pour être à même de comprendre et de juger avec impartialité ce qui s'est passé à l'état-major du 1ᵉʳ corps dans les premiers jours d'août, il faut tenter de se mettre à la place de ceux qui ont eu à prendre des résolutions à ces heures si graves. Pour bien étudier leur psychologie, il est utile de vivre le plus possible dans l'atmosphère où ils vivaient. Nous le pouvons difficilement à certains points de vue. La tâche est assez facile pour les nouvelles recueillies aux quartiers généraux.

Un service de renseignements, bien imparfait sans doute, fonctionnait au 1ᵉʳ et au 7ᵉ corps. Les nouvelles apprises au 7ᵉ corps étaient transmises au maréchal de Mac-Mahon, en même temps qu'au major général à Metz.

Le 30 juillet, de plusieurs sources, on signalait au 1ᵉʳ corps de nombreuses troupes prussiennes à Lauterbourg et dans la forêt de Bienwald (¹).

A la même date, un rapport faisait connaître que « sur le Rhin, vers Neuf-Brisach, il y a toujours apparence d'un rassemblement considérable dans la Forêt-Noire. Les déserteurs confirment ce renseignement (²). »

Au 7ᵉ corps arrivait cet avis : « Les renseignements que nous avons eus à Huningue étaient contradictoires. Les uns disaient qu'il y avait un grand camp à Lörrach et Nollingen, vis-à-vis Rheinfelden... » Le commandant Loizillon, envoyé en mission spéciale, écrivait le 30 juillet à 5 heures du soir : « Un déserteur

---

1. *Revue d'Histoire*, janvier 1901, page 205.
2. *Revue d'Histoire*, janvier 1901, page 204.

prussien venu à Colmar, dit qu'une armée considérable se forme derrière la Forêt-Noire ([1]). »

Le 31 juillet, le général Doutrelaine, commandant le génie du 7e corps, adressait un rapport au général Douay sur les points de passage du Rhin. Le fleuve était considéré comme facile à traverser en face de la partie méridionale de l'Alsace. Cinq points étaient favorables au passage, entre Huningue et Neuenbourg, c'est-à-dire sur une distance de 25 kilomètres ([2]).

Le 1er août, un ancien soldat de la légion étrangère, venant de Bâle, se présentait à Strasbourg, pour reprendre du service. Il disait « qu'il a vu aux environs de Lörrach (grand-duché de Bade) 25 000 à 30 000 soldats ennemis ; qu'il a entendu dire qu'il y aurait quatre corps d'observation sur la rive droite du Rhin, le premier près de Lörrach, les deuxième et troisième en face de Neuf-Brisach et de Strasbourg, le quatrième dans la direction de Lauterbourg. Il a vu, dit-il, beaucoup d'artillerie près Lörrach ([3]). »

Le 1er août, on signalait aussi au 1er corps de nombreuses troupes concentrées entre Landau, Maxau et Germersheim ([4]).

Le 2 août, un agent télégraphiait de Colmar au 7e corps : « Avis positif pris le long du Rhin par moi-même : passage de troupes ennemies vers Huningue, sur la route badoise, pendant la nuit, depuis six jours. Nombre estimé : 20 000 hommes. J'ai peine à croire ce renseignement ([5]). »

Le 3 août, le général commandant le 7e corps télégraphiait au major général, à 2 heures du soir : « Des mouvements de troupes me sont signalés, à chaque instant, sur la rive droite du Rhin ([6]). »

Le même jour, 3 août, les renseignements arrivant au 1er corps montraient, au contraire, qu'il n'y avait pas de gros rassemblements ennemis à Lörrach. « Le capitaine d'état-major Kessler, parti le 31 juillet, rentre de mission ; il s'est rendu à Saint-Louis, Huningue et Bâle. Tous les renseignements recueillis dans cette

1. *Revue d'Histoire*, janvier 1901, page 213.
2. *Revue d'Histoire*, février 1901, page 403.
3. *Revue d'Histoire*, mars 1901, page 664.
4. *Revue d'Histoire*, mars 1901, page 664, et avril 1901, page 908.
5. *Revue d'Histoire*, avril 1901, page 913.
6. *Revue d'Histoire*, juin 1901, page 1381.

région s'accordent à démentir les bruits de rassemblement de troupes à Lörrach et Nollingen ([1]). »

Mais le commandant du 7ᵉ corps télégraphiait encore au maréchal de Mac-Mahon, le 3 août, à 3ʰ 30 du soir : « On continue à signaler l'arrivée de troupes ennemies sur la rive droite du Rhin, et particulièrement à Neuenbourg, un des points de passage..... je suppose que tous ces mouvements n'ont pour but que de nous inquiéter ([2]). »

Le même jour, à 7ʰ 20 du soir, le général F. Douay télégraphiait encore ses inquiétudes au maréchal de Mac-Mahon :

« Des renseignements, sans doute exagérés, continuent à m'arriver depuis Colmar jusqu'à Huningue, signalant de grands mouvements de troupes ennemies, l'arrivée de 6 000 Wurtembergeois à Kandern et Neuenbourg et annonçant celle d'un corps considérable se dirigeant sur Lörrach.

« Tout en faisant la part de l'exagération, je n'en suis pas moins préoccupé. Vous connaissez la position du 7ᵉ corps, celle qu'il aura demain ; elle ne répond en aucune façon à celle qu'il faut avoir pour manœuvrer devant l'ennemi, empêcher un passage du Rhin ([3]). »

Les renseignements parvenus au maréchal de Mac-Mahon se résumaient, en définitive, à ceci : il y a de gros rassemblements ennemis ; d'une part, au nord de l'Alsace, vers Landau ; d'autre part, en face du sud de l'Alsace, vers Lörrach.

Il y avait presque une certitude pour la concentration du nord. Les renseignements étaient concordants, nous n'avons fait que les résumer ici.

Il y avait un peu d'indécision pour la concentration du sud. Cependant la plupart des avis reçus étaient très affirmatifs.

On devait donc croire à l'existence de deux rassemblements de troupes ennemies menaçant l'Alsace. On était amené assez logiquement à penser que la frontière serait envahie des deux côtés à la fois.

1. *Revue d'Histoire*, juin 1901, page 1389.
2. *Revue d'Histoire*, juin 1901, page 1396.
3. *Revue d'Histoire*, juin 1901, page 1397.

Il est essentiel d'être pénétré de ces considérations pour apprécier ce qui s'est passé le 4 et le 5 août à l'état-major du 1er corps.

L'obligation imposée à Mac-Mahon de « défendre la frontière d'Huningue à Lauterbourg..... » restait en vigueur. Si étrange que pût paraître cette directive au point de vue stratégique, il fallait s'y conformer.

L'ordre du 31 juillet de « rapprocher le 1er corps de la frontière du nord » n'avait pas détruit l'ordre du 24 juillet. Tout en ayant l'autorité sur les deux corps d'armée, Mac-Mahon restait lié par la mission reçue. Assez naturellement, cette mission semblait partagée entre les deux corps : le 1er corps avec quatre divisions gardait le nord de l'Alsace, le 7e corps avec ses deux divisions défendait la frontière sud.

Si l'on en juge par les ordres du 3 août, le maréchal de Mac-Mahon non seulement n'avait pas l'idée de concentrer les deux corps d'armée, mais ne voulait même pas rassembler le 1er corps. En effet, ses instructions devaient amener les divisions, dans la soirée du 4 août, sur les emplacements suivants :

1er corps. — Douay à Wissembourg, Ducrot à Lembach, Raoult à Reichshoffen, Lartigue à Haguenau.

7e corps. — Conseil-Dumesnil à Strasbourg, Liébert à Colmar et Belfort.

Le 7e corps avait pour mission de veiller à la défense du Rhin de Strasbourg à Huningue ([1]).

---

1. *Revue d'Histoire,* juin 1901, page 1348, « Le maréchal de Mac-Mahon au major général ».

III

L'APRÈS-MIDI DU 4 AOUT

A l'heure où l'avant-garde de la IIIe armée allemande attaquait
la division Douay sur la Lauter, le maréchal de Mac-Mahon
faisait préparer un train à Strasbourg pour inspecter les postes
de ses 1re et 2e divisions. Il devait aller en chemin de fer jusqu'à
Wissembourg. Il n'emmenait que son chef d'état-major, ses
aides de camp et quelques officiers, avec leurs chevaux.

A 9 heures, au départ de Strasbourg, le maréchal sut, par un
télégramme du chef de gare de Wissembourg, qu'un engagement
commençait près de cette ville. A 9ʰ 3o, on s'arrêta à Haguenau
pour avoir des nouvelles.

A Soultz, nouvel arrêt ; l'engagement de Wissembourg était
devenu un combat ; le trajet ne pouvait plus se poursuivre en
chemin de fer. On débarqua les chevaux, et le commandant du
1er corps se porta au galop de Soultz à Lembach, puis de là à
Climbach et au col du Pigeonnier (2o à 25 kilomètres).

Il y arrivait vers midi. Le sort du combat n'était pas douteux ;
les débris de la division Douay évacuaient le Geissberg et se
repliaient dans la direction de l'ouest devant des masses ennemies qui apparaissaient de toutes parts dans la plaine.

L'armée allemande ne poursuivait pas les vaincus et s'arrêtait
sur la rive sud de la Lauter. La division Ducrot montait de Climbach au col du Pigeonnier et son chef se préparait à organiser la
défense de cette crête.

Le maréchal de Mac-Mahon put observer tout à son aise les
troupes allemandes. Le col du Pigeonnier est à 4 kilomètres du
champ de bataille avec un commandement de 25o mètres. C'est
donc d'un observatoire parfait que le maréchal put voir l'armée
victorieuse et la compter. Avec la pratique de la guerre et l'habi-
tude de juger les gros effectifs, il était impossible de faire une

grave erreur. Les circonstances favorisaient ainsi singulièrement le commandant du 1ᵉʳ corps d'armée, en lui permettant de faire, de ses propres yeux, la reconnaissance des forces ennemies, qui est généralement très difficile, si souvent impossible et est toujours confiée à des sous-ordres. Il estima à 30 000 hommes environ l'effectif de l'adversaire ([1]).

A 2ʰ 30, le maréchal de Mac-Mahon, au col du Pigeonnier, dictait pour l'Empereur un télégramme qui partait de Haguenau à 5ʰ 50 du soir ([2]).

(**A**) La division Douay a été attaquée ce matin à Wissembourg par un corps d'armée composé au moins de quatre divisions avec beaucoup d'artillerie. Le général Douay a été blessé très grièvement. Sa division a été obligée de battre en retraite. En ce moment, elle se rallie près du Pigeonnier, entre Wœrth et le Pigeonnier.

La 1ʳᵉ division se porte en avant pour occuper la position de Climbach et celle qui, du Pigeonnier, se dirige sur Pfaffensflisch qu'elle occupe fortement.

Je donne l'ordre à la 3ᵉ division de s'établir entre Gœrsdorf et Frœschwiller.

Enfin j'appelle la 4ᵉ division qui arrivera cette nuit pour s'établir à Gunstett.

Les six régiments de cuirassiers et la réserve d'artillerie s'établiront en arrière, à droite de Frœschwiller sur la rive droite de la Sauerbach.

Je donne l'ordre au général Douay d'envoyer la division Conseil-Dumesnil à Haguenau.

Nous défendrons la position en battant en retraite, si nous y sommes forcés, sur Lemberg et Meisenthal.

Si une division pouvait venir de Bitche par les voies ferrées, elle devrait être arrêtée à Reichshoffen ([3]).

Ainsi se dessine très clairement l'idée du maréchal de-Mac-Mahon quelques heures après la fin du combat de Wissembourg :

Dans l'après-midi du 4, occupation des crêtes, pour protéger la retraite de la division Douay.

Pour la journée du 5, réunion du 1ᵉʳ corps sur la **Sauerbach**, de Gœrsdorf à Gunstett, face à l'est.

---

1. Renseignement fourni par le capitaine de Vaulgrenant.
2. *Revue d'Histoire,* juillet 1901, page 166, note 2.
3. *Revue d'Histoire,* juillet 1901, page 222.

Appel de renforts ; la division Conseil-Dumesnil viendra à Haguenau, c'est-à-dire à 10 kilomètres de Gunstett.

Demande discrète d'une division du 5ᵉ corps.

Il faut ne pas perdre de vue que le 5ᵉ corps n'est nullement sous les ordres de Mac-Mahon le 4. Celui-ci peut seulement insinuer qu'une division de renfort serait la bienvenue.

Quant à l'autre division du 7ᵉ corps, la division Liébert, qui est sous les ordres de Mac-Mahon, il ne l'appelle pas à lui. Il a évidemment l'idée qu'il ne faut pas dégarnir complètement l'Alsace méridionale. On doit ne pas oublier que les renseignements des jours précédents signalaient des mouvements de troupes allemandes sur la rive droite du Rhin en face de Colmar et de Mulhouse. Dans la nuit même du 3 au 4 août, le commandant du 7ᵉ corps avait informé le maréchal de Mac-Mahon que « 6 000 Wurtembergeois seraient à Kandern et Neuenbourg et qu'un corps considérable se dirigerait sur Lörrach ([1]) ».

Inquiet de cette nouvelle, Mac-Mahon, le 4 août, à 2 heures du matin, avait suspendu tout mouvement du 7ᵉ corps vers le nord, et même laissé une brigade du 1ᵉʳ corps à Strasbourg ([1]).

A 2 heures du soir, devant l'offensive allemande de Wissembourg, il appelle à lui tout le 1ᵉʳ corps et une partie du 7ᵉ, mais ne croit pas cependant pouvoir dégarnir complètement de troupes le sud de l'Alsace.

Assurément on peut regretter cette mesure, car la présence de la division Liébert sur le champ de bataille du 6 eût été un appoint fort précieux.

Mais il semble que la résolution prise par le commandant du 1ᵉʳ corps était pleinement justifiée. En effet, il faut toujours se rappeler qu'il était lié par sa mission initiale : « défendre la frontière d'Huningue à Lauterbourg... ». L'ennemi paraissait menacer l'Alsace à la fois au nord et au sud. Tout en rassemblant le gros de ses forces au point où le danger semblait le plus pressant, Mac-Mahon se couvrait de l'autre côté. L'obligation de défendre la frontière justifiait le maintien d'une division dans l'Alsace méridionale.

---

1. *Revue d'Histoire*, juillet 1901, page 220.

En résumé, sur les six divisions d'infanterie des deux corps d'Alsace, Mac-Mahon en groupait cinq sur la Sauer entre Haguenau et Climbach. Il y faisait venir toute la cavalerie du 1er corps et la réserve d'artillerie. Une division d'infanterie et une division de cavalerie restaient en Alsace méridionale en face des troupes wurtembergeoises signalées par le service de renseignements.

Les divisions de l'Alsace septentrionale ne seraient pas étroitement concentrées le 5, mais assez groupées pour pouvoir se réunir sur le même champ de bataille. D'autre part, elles auraient assez d'air entre elles pour pouvoir permettre une manœuvre contre l'armée allemande.

Ainsi, si cette armée marchait vers le sud, la division Conseil pouvait l'arrêter vers la forêt de Haguenau, pendant que le 1er corps l'attaquait sur son flanc droit.

La division Ducrot jouait le même rôle au nord, si l'ennemi voulait traverser les Vosges par Lembach et marchait sur Bitche. Le gros des forces de Mac-Mahon pouvait alors marcher du sud au nord contre le flanc gauche des Allemands.

Enfin, si l'ennemi marchait vers le sud-ouest dans la direction de Wœrth, il se heurtait au gros du 1er corps et les divisions Ducrot et Conseil avaient le temps de venir prendre part à la bataille.

On ne peut affirmer historiquement que ce projet ait existé dans l'esprit du maréchal de Mac-Mahon, pendant l'après-midi du 4 août. Il est cependant logique de penser que celui-ci a fait ces diverses hypothèses, d'après les ordres contenus dans son télégramme A.

Après avoir envoyé des ordres à ses divisions et le télégramme A de 2h 3o, Mac-Mahon descendit du col, se dirigeant sur Reichshoffen. A Climbach, il rencontra les troupes en retraite de la division Douay qui avaient franchi le col de Pfaffenflisch, et il s'arrêta dans une maison de paysan pour recevoir le compte rendu du général Pellé. Pendant cette conversation, survint un aide de camp du général Ducrot venant prévenir que l'ennemi grossissait et se rapprochait du Pigeonnier.

Immédiatement le maréchal remonta à cheval et retourna au col bride abattue. Il pouvait être environ 3 heures et demie ou

4 heures. Les forces ennemies avaient en effet augmenté et on estima à 60 000 le nombre des Allemands ayant passé la Lauter. Le maréchal rejoignit le général Ducrot qui avait été aux avant-postes au bas de la côte, dans la direction de Wissembourg, puis remonta avec lui au col. La dernière station à cet observatoire eut donc lieu entre 4 et 5 heures. L'ennemi restait immobile.

C'est à ce moment de la journée qu'il se produisit, semble-t-il, une modification dans les idées du maréchal.

Les troupes allemandes ne poursuivaient pas. La division Douay se retirait sans être inquiétée.

D'autre part, les divisions Douay et Ducrot étaient évidemment trop inférieures en nombre pour recevoir l'attaque de l'armée ennemie sur la crête Le Pigeonnier—Pfaffenflisch. D'ailleurs, cette position eût été tournée par un ennemi ayant une supériorité aussi accusée.

On lira plus loin dans le télégramme B envoyé par le maréchal de Mac-Mahon à l'Empereur à 10 heures du soir :

« L'ennemi, à la nuit tombante, avait déployé ses forces en face des positions occupées par les 1re et 2e divisions du 1er corps.....

« D'après les dispositions prises par l'ennemi pour attaquer nos positions, je n'ai pas cru devoir tenir sur le terrain que nous occupions, étant exposés à être facilement débordés ([1]). »

La retraite de la division Ducrot s'imposait. Alors apparaissait l'idée d'une concentration plus étroite des troupes d'Alsace. La position de Frœschwiller semblait tout indiquée. Les divisions Douay et Ducrot y refluaient par Lembach. La division Conseil, au lieu de rester à Haguenau, serait poussée auprès des divisions du 1er corps. Les cinq divisions seraient donc réunies dès le 5 au matin.

Cette phase des résolutions de Mac-Mahon est énoncée très clairement dans le journal de marche du 1er corps, dans les notes dictées par le maréchal à Wiesbaden et dans ses Souvenirs :

« On apercevait, outre les deux corps d'armée qui avaient pris

---

1. On n'a trouvé nulle part la trace des dispositions prises par les Allemands pour attaquer dans la soirée du 4 la division Ducrot. Le maréchal fait-il allusion aux dispositions prises dans la matinée pour déborder Wissembourg ?

part à la lutte, une nombreuse infanterie déboucher entre le Haardt-Wald et la Lauter.

« En présence de cette supériorité numérique, le maréchal se décida à retirer toutes les troupes des 1re et 2e divisions et à concentrer tout le 1er corps sur la forte position de Frœschwiller qui couvre les directions de Bitche et de Saverne.

« Il ordonna, en conséquence, aux 1re et 2e divisions de se retirer par Climbach, Lembach, Mattstal, Langensoultzbach sur Frœschwiller (¹)... »

« Je télégraphiai au commandant du 7e corps de faire partir la division Conseil-Dumesnil qui se trouvait à Colmar pour Haguenau, où elle recevrait de nouvelles instructions. Le commandant de cette place devait lui prescrire de continuer sa marche par chemin de fer jusqu'à Reichshoffen, si la voie n'était pas coupée; dans le cas contraire, l'y faire se diriger par terre (²). »

Ainsi, de son exceptionnel observatoire du Pigeonnier, le maréchal de Mac-Mahon avait pu, à 1 heure du soir, estimer les forces ennemies à 30 000 hommes, et à 5 heures, les évaluer à 60 000. A deux reprises différentes, dans la même journée, le commandant du 1er corps avait donc pu voir de ses propres yeux et compter l'adversaire qu'il allait avoir à combattre. Son second examen lui montrait cet adversaire immobile, et sur le point de s'installer au bivouac; c'était encore un précieux renseignement. Le cas de ce général en chef examinant tout à loisir l'armée adverse est certainement unique dans l'histoire des guerres modernes.

Le maréchal de Mac-Mahon descendit du col du Pigeonnier vers 5 heures du soir, passa par Lembach, la vallée de la Sauer et le plateau de Frœschwiller où il demeura assez longtemps, ayant voulu voir le général Raoult et l'emplacement de sa division. Il arriva à 8^h 30 du soir à Reichshoffen et s'établit chez le comte de Leusse, député au Corps législatif, ancien officier de marine; celui-ci, par sa connaissance du pays, était appelé à jouer un certain rôle dans les grands événements qui allaient se dérouler pendant les journées des 5 et 6 août.

---

1. « Journal de marche du 1er corps » (*Revue d'Histoire*, juillet 1901, page 176).

2. « Souvenirs du maréchal de Mac-Mahon » (*Revue d'Histoire*, juillet 1901, p. 180).

Dans la soirée, le commandant du 1er corps envoyait un nouveau télégramme à Metz :

(B) LE MARÉCHAL DE MAC-MAHON A L'EMPEREUR

Reichshoffen, 4 août, 10 heures du soir.

Trois régiments de la division Douay et une brigade de cavalerie légère ont été attaqués, à Wissembourg et aux environs, par des forces très considérables, massées dans les bois qui bordent les rives de la Lauter.

Ces troupes ont résisté pendant près de deux heures aux attaques de l'ennemi, puis ont battu en retraite, d'après les instructions qu'elles avaient reçues, sur le col du Pigeonnier qui commande la route de Bitche.

Le général Douay a été tué. Nous avons éprouvé des pertes sensibles.

L'ennemi, à la nuit tombante, avait déployé ses forces en face des positions occupées par les 1re et 2e divisions du 1er corps.

Partie chiffrée. — Les troupes de l'ennemi sont considérables. Elles doivent se composer au moins de deux corps d'armée. Les prisonniers prétendent que c'était l'armée du prince royal, composée d'un corps prussien et de deux corps d'armée du Sud. L'artillerie était considérable ; une de nos pièces, dont tous nos chevaux ont été tués et l'affût brisé, est restée au pouvoir de l'ennemi.

D'après les dispositions prises par l'ennemi pour attaquer nos positions, je n'ai pas cru devoir tenir sur le terrain que nous occupions, étant exposés à être facilement débordés.

A nuit tombée, j'ai fait filer tous les bagages en arrière de Fræschwiller et demain, avant le jour, les 1re et 2e divisions se mettront en marche pour occuper cette position. Elle est déjà occupée en partie par la division Raoult, qui est établie sur la rive droite de la Sauerbach où je livrerai bataille, s'il le faut.

Pour reprendre l'offensive avec avantage, il faudrait au moins trois divisions de renfort ; j'ai appelé de Colmar la division Conseil ; je n'ose encore compter sur elle.

Des diverses parties de ce télégramme, nous avons déjà examiné celles qui ont trait à l'impossibilité où se trouvait le 1er corps de livrer bataille le 5 août sur la crête du Pigeonnier. En réalité, il semble que l'armée allemande avait pris peu de « dispositions » pour attaquer ; il paraît plutôt qu'elle a bivouaqué sur le champ de bataille et n'a même pas fait poursuivre la division Douay. Mais la supériorité incontestable de son effectif, la facilité qu'elle avait de descendre au sud-ouest et de tourner par Wœrth la crête Pigeonnier — Pfaffenflisch et la vallée de Lembach, rendaient évidente l'impossibilité de livrer bataille sur cette crête avec une unique route de retraite par Obersteinbach et Sturzelbronn sur Bitche. La nécessité indiscutable s'était imposée de se retirer sur Wœrth d'où l'on pouvait, en cas d'échec, traverser les Vosges par quatre routes, celles de Philippsbourg, de Wimmenau, de La Petite-Pierre et de Phalsbourg.

Le maréchal de Mac-Mahon revient, dans ce télégramme B, sur l'effectif de l'armée allemande. Il l'évalue à deux corps d'armée au moins, estimation qui diffère peu de celle donnée du Pigeonnier dans le télégramme A : au moins quatre divisions avec beaucoup d'artillerie.

Cependant, le renseignement fourni par les prisonniers est fort important ; il parle de trois corps d'armée.

D'après le colonel Broye, « des hauteurs du Pigeonnier où il (Mac-Mahon) avait assisté à la fin du combat, il avait pu voir une partie des troupes qui avaient concouru à l'attaque de Wissembourg. On les évalua d'abord à une trentaine de mille hommes et, plus tard, à 60 000 hommes, quand, sur la fin du jour, de nouvelles troupes se démasquèrent. »

D'après le général Bonnal, on aurait même porté l'effectif ennemi à 80 000 hommes [1].

Bref, comme nous l'avons déjà fait remarquer, Mac-Mahon, ayant eu la chance exceptionnelle de faire de ses propres yeux la reconnaissance de l'armée adverse, était remarquablement bien renseigné sur les forces qu'il avait devant lui.

Le maréchal avait donc estimé à 60 000 ou 80 000 hommes les troupes ennemies qu'il avait aperçues. Il était d'ailleurs nécessaire d'admettre que ce chiffre n'était qu'un minimum, et que d'autres corps pouvaient suivre ceux arrivés le 4 à 5 heures du soir dans la vallée de la Lauter.

Quelles mesures avait prises le maréchal de Mac-Mahon pour conserver le contact de l'armée allemande ?

---

1. *Revue d'Histoire*, juillet 1901, page 165, note 4.
On sait qu'en réalité le IIe corps bavarois, le Ve et le XIe corps prussiens furent en

Nous n'avons trouvé trace d'aucun envoi de cavalerie vers le nord-ouest par le commandant du 1er corps.

Les divisions Douay et Ducrot, en se retirant dans la nuit du 4 au 5, furent suivies de loin par quelques cavaliers ennemis; mais il ne semble pas qu'elles aient laissé aucun élément pour observer les mouvements de l'armée allemande.

Très exactement renseigné le soir du 4, Mac-Mahon allait perdre le 5 cette supériorité, la seule que lui donna la fortune à cette heure critique. Nous verrons combien l'absence de nouvelles lui fut funeste dans la soirée du 5 et la matinée du 6.

La connaissance de l'effectif de l'armée allemande avait tout naturellement amené le commandant du 1er corps à constater qu'il n'était pas en forces pour accepter la lutte.

C'est ce qu'il énonçait dans la dernière phrase du télégramme B envoyé le 4 à 10 heures du soir : « Pour reprendre l'offensive avec avantage, il faudrait au moins trois divisions de renfort. »

D'après la situation sommaire d'effectif du 4 août, le 1er corps comprenait 42 227 hommes ([1]). Ses divisions d'infanterie avaient de 8 000 à 8 500 hommes, sauf la division Ducrot qui en avait 10 600. L'effectif total des divisions était de 35 800, soit 34 000 en défalquant les pertes du combat de Wissembourg. Encore ces chiffres, qui sont ceux des situations, sont-ils certainement supérieurs à l'effectif des combattants.

Il était bien logique de penser que ces 34 000 hommes n'étaient point capables de supporter le choc de l'armée ennemie dont l'effectif minimum, l'effectif aperçu du col du Pigeonnier, était au moins de 60 000 hommes.

En prenant 8 000 à 9 000 hommes comme l'effectif probable des divisions des autres corps, Mac-Mahon, en sollicitant trois divisions de renfort, demandait un secours de 25 000 hommes. Il aurait ainsi disposé de 60 000 ou 65 000 hommes environ, c'est-à-dire d'un effectif tout au plus égal à celui des Allemands vus dans l'après-midi du 4 sur les bords de la Lauter.

---

partie engagés à Wissembourg et bivouaquèrent le soir au sud de la Lauter (*Revue d'Histoire,* juillet 1901, page 136). Mac-Mahon avait donc vu très juste.

1. *Revue d'Histoire,* juillet 1901, page 225.

Trois divisions de renfort étaient donc le minimum de forces qui paraissait nécessaire non seulement « pour reprendre l'offensive avec avantage », mais aussi pour accepter la bataille sans désavantage marqué.

Dans le télégramme A de 2ʰ 3o, Mac-Mahon sollicitait une division de Bitche. Devant le plus grand nombre d'ennemis aperçus, il demande davantage. Encore peut-on trouver qu'il n'exige pas assez. D'ailleurs, il ne connaît rien des projets de l'Empereur, son général en chef; il ne sait même pas combien de divisions sont à Bitche.

Quant au 7ᵉ corps, il ne lui demande que la division Conseil et ose à peine compter sur elle. Il n'ignore pas, en effet, que le 7ᵉ corps a son organisation très en retard; d'autre part, il sait que de gros rassemblements ennemis étaient signalés la veille en face l'Alsace méridionale; il est donc logique de craindre que le 7ᵉ corps, attaqué, ou sur le point d'être attaqué, du côté d'Huningue ou de Mulhouse, ne puisse disposer d'aucune troupe.

C'est pour la même raison que Mac-Mahon n'ose pas, sans doute, appeler à lui la division Liébert.

La question se pose pour lui de la façon suivante :

Devant le danger évident qui s'est manifesté au nord de l'Alsace, doit-il appeler de ce côté toutes ses forces en négligeant l'ennemi signalé la veille au sud? Doit-il, au contraire, appeler au nord le gros de ses forces, cinq divisions sur six, et laisser une division au sud pour parer au danger moins certain, mais probable, que font pressentir les renseignements des jours précédents?

Le maréchal de Mac-Mahon a pris le deuxième parti. Les événements ont montré que le premier eût été préférable. Mais, dans la situation où se trouvait le commandant du 1ᵉʳ corps, avec les renseignements qu'il avait reçus, les ordres qu'il a donnés doivent être considérés comme très rationnels.

Il semble que personne, à l'état-major du 1ᵉʳ corps, n'ait eu l'idée, dans la soirée du 4, que l'on pourrait battre en retraite le 5 avant de livrer bataille. La question ne paraît pas s'être posée. On n'en trouve point trace, à cette date, ni dans les souvenirs du maréchal de Mac-Mahon, ni dans ceux de M. de Leusse, ni dans ceux du général Ducrot.

Des renforts avaient été demandés ; ils devaient porter les troupes françaises à un effectif leur permettant de lutter contre l'ennemi qui avait été vu le 4. Il n'y avait donc aucune raison de se retirer, tant que l'on pouvait espérer l'arrivée de ces renforts.

Dans les conditions où se trouvait le 1ᵉʳ corps le soir du 4, avec les renseignements qu'avait son chef, il n'y avait pas de motif de ne pas attendre les événements en un point bien choisi.

On ne pensa pas à la retraite sans combattre, et il était logique de n'y pas songer.

Un télégramme fut envoyé de Reichshoffen, le 4 août, à 8 heures du soir, au général de Failly que l'on savait dans la région de Bitche.

« Si cela vous est possible, disait-il, occupez immédiatement la position de Lemberg ; c'est de la dernière urgence (¹). »

Le 5ᵉ corps n'était pas sous les ordres du maréchal de Mac-Mahon ; aussi ce télégramme n'est-il pas rédigé sous une forme impérative. Lemberg est dans la zone d'action du 5ᵉ corps. Devant l'offensive allemande qui se produit, le général de Failly est invité à occuper ce point de croisement de routes, auquel le général Ducrot attachait une extrême importance. On a vu, par le télégramme A, que le maréchal, dans l'après-midi du 4, avait la pensée d'opérer sa retraite au besoin dans la direction de Lemberg.

---

1. Ce télégramme est daté de « Reichshoffen 5 août, 8 heures du soir », d'après les textes publiés par la *Revue d'Histoire* (septembre 1899, page 368 ; octobre 1901, pages 824 et 902).

Cette mention est certainement inexacte. On verra plus loin que ce télégramme était dans l'après-midi du 5 août, à Bitche, où il occupa et troubla beaucoup l'état-major du 5ᵉ corps.

Le plus probable est que l'heure est exacte et qu'il s'est glissé une erreur dans la date. On doit dire : 4 août au lieu de 5 août.

Le capitaine Riff, de l'état-major du 1ᵉʳ corps d'armée, se souvient que ce télégramme a été rédigé le 4 du col du Pigeonnier. (Lettre du général Riff, 5 avril 1905.)

Il a dû être envoyé au télégraphe de Reichshoffen où il n'est arrivé que le soir.

Il est encore possible que l'erreur soit dans le mot « soir » et qu'on doive lire : « Reichshoffen, 5 août, 8 heures du matin. »

IV

LA MATINÉE DU 5 AOUT

—

Le maréchal de Mac-Mahon prit quelques heures de repos dans la nuit du 4 au 5 août, au château de Reichshoffen.

Il en repartit le 5, à 4 heures du matin, pour Frœschwiller où son quartier général s'établissait dans le château du comte de Durckeim. Le commandant du 1er corps parcourut la position où il concentrait toutes ses forces et sur laquelle il comptait éventuellement recevoir le choc de l'armée ennemie.

La division Raoult était à Frœschwiller depuis le 4 au soir; elle devait former le centre de la ligne.

La division Lartigue, arrivée par une marche de nuit à Gunstett, s'établissait à l'aile droite.

La division Ducrot se porta, dans la matinée du 5, de Climbach à Neehwiller pour constituer l'aile gauche.

La division Pellé (ancienne division Douay) vint, dans la même matinée, de Pfaffenbronn à Frœschwiller, et se plaça en réserve derrière le centre.

La réserve d'artillerie était arrivée, après une marche de nuit, entre Frœschwiller et Reichshoffen, ainsi qu'une partie de la division de cavalerie Duhesme.

La division de cavalerie Bonnemains était en route pour rallier Reichshoffen. Les détachements de Seltz et de Soultz avaient reçu l'ordre de rejoindre Frœschwiller.

Que fit le maréchal de Mac-Mahon pendant la journée du 5 pour garder le contact de l'ennemi, pour se renseigner sur ses mouvements ?

Nous avons peu de documents pour répondre à cette question.

Il semble probable que des reconnaissances de cavalerie furent envoyées vers l'est ; mais nous ignorons, en tout cas, absolument ce qu'elles ont vu et ce dont elles ont rendu compte.

A l'extrême droite, le 6ᵉ lanciers fit, pour le compte de la division Lartigue, quelques reconnaissances à courte portée en avant du front et sur le flanc droit. Il fit savoir que la route de Reichshoffen à Haguenau était libre et qu'il y avait des patrouilles de cavalerie ennemie sur la lisière de la forêt de Haguenau vers Eschbach, Walbourg ([1]).

D'après M. de Leusse ([2]), un escadron de lanciers aurait été envoyé à Soultz, mais on ne trouve pas de trace officielle de cette reconnaissance ([3]).

Un demi-escadron de lanciers, revenant de Soufflenheim (12 kilomètres est de Haguenau) et absolument perdu, alla presque jusqu'à Soultz ; il rétrograda assez à temps pour ne pas être pris, mais il ne semble avoir apporté aucun renseignement important ([4]).

Le colonel Broye, aide de camp du maréchal de Mac-Mahon, n'a pas de souvenirs précis sur les reconnaissances de cavalerie faites le 5.

D'après le récit d'un officier d'état-major, que nous n'avons pas pu vérifier, une reconnaissance de cavalerie envoyée de Wœrth vers l'est rentra en disant : « Tout l'ennemi passe par la montagne, à notre gauche. »

De l'ensemble des documents et témoignages recueillis jusqu'à présent, il semble résulter que le commandant du 1ᵉʳ corps français avait des renseignements positifs sur la marche des Bavarois du col du Pigeonnier vers Lembach, et n'avait aucune nouvelle de la progression des corps ennemis dans la région de Soultz.

---

1. *Revue d'Histoire,* novembre 1901, pages 1101 et 1134.

2. Lettre du 23 janvier 1904.

3. Cet escadron aurait dû se heurter à des forces allemandes importantes ; en effet, la division de cavalerie Bernhardi passait à Soultz à 7 heures du matin, marchant sur Haguenau, et la tête du XIᵉ corps arriva à Soultz vers 11 heures (*Revue d'Histoire,* novembre 1901, page 1116).
Si l'on remarque que le Vᵉ corps prussien arrivait à Preuschdorf et Dieffenbach, à quelques kilomètres de la Lauter, vers 2 ou 3 heures de l'après-midi, on est convaincu qu'aucune reconnaissance sérieuse ne fut envoyée par les Français de ce côté, car on n'a nulle part la trace ni de combat ni de compte rendu.

4. *Revue d'Histoire,* novembre 1901, page 1136.

Il en résultait peut-être, dans l'esprit du maréchal de Mac-Mahon, l'idée que l'armée ennemie qui avait combattu, ou dont une partie avait combattu à Wissembourg le 4, allait prendre la route de Bitche, pour rallier dans la vallée de la Sarre l'armée venant de Mayence. M. de Leusse dit que c'était une idée fixe chez le maréchal.

Cependant, Mac-Mahon, dans la journée du 5, disposait ses troupes sur une position défensive à l'ouest de Wœrth, prévoyant ainsi une attaque débouchant de la direction de Soultz.

Après avoir parcouru sa position défensive, le maréchal de Mac-Mahon revenait à Frœschwiller.

A 10ʰ 5o, il télégraphiait à l'Empereur :

(C) Je suis concentré avec mon corps d'armée à Frœschwiller, étendant ma droite jusqu'à la forêt de Haguenau. Si l'ennemi, se voyant menacé sur la droite, ne dépasse pas Haguenau, je suis en bonne position ; s'il dépasse Haguenau, je suis obligé de prendre position plus au sud pour garder les défilés de la Petite-Pierre et de là à Saverne. S'il vous est possible de disposer d'un des corps d'armée de la Moselle, venant me rejoindre par le chemin de Bitche ou par la route de Petite-Pierre, je serai en état de reprendre l'offensive avec avantage (¹).

On voit qu'à ce moment le maréchal prêtait aux Allemands l'intention de marcher vers le sud : « Si l'ennemi ne dépasse pas Haguenau,... s'il dépasse Haguenau. »

Mac-Mahon juge qu'il s'est établi dans une bonne position sur le flanc de l'ennemi et que cette position par elle-même peut arrêter la marche de l'adversaire.

Il ne juge pas ses forces suffisantes pour attaquer, et nous avons vu, par les chiffres cités, qu'en effet le 1ᵉʳ corps était trop inférieur en nombre pour offrir la bataille.

Mais le maréchal de Mac-Mahon songe toujours à l'offensive. Il réitère la demande formulée dans ses deux télégrammes A et B du 4 août. Il sollicite l'appui d' « un corps d'armée de la Moselle » pour pouvoir « reprendre l'offensive avec avantage ».

L'espoir de ce renfort n'était pas chimérique. L'Empereur

---

1. *Revue d'Histoire*, novembre 1901, page 1102.

Napoléon III, informé dans l'après-midi du 4 du combat de Wissembourg et ayant reçu les demandes du maréchal de Mac-Mahon, aurait pu faire arriver une partie du 5ᵉ corps à Reichshoffen dans la soirée du 5.

Les dispositions stratégiques de Mac-Mahon, dans la matinée du 5, étaient pleinement justifiées par les circonstances. Leur point faible est le manque de renseignements sur l'ennemi, l'absence de reconnaissances pour s'en procurer, la perte du contact, lequel était si bien pris dans l'après-midi du 4.

V

LE 5ᵉ CORPS EST MIS SOUS LES ORDRES DE MAC-MAHON

(5 août; midi)

Quel jour, à quelle heure le 5ᵉ corps fut-il mis sous les ordres du maréchal de Mac-Mahon ?

La question est très importante. Il faut y répondre avant d'étudier les ordres transmis, les télégrammes échangés entre le 1ᵉʳ et le 5ᵉ corps.

Nous allons examiner les divers télégrammes échangés le 4 et le 5 août entre le quartier général de Metz et les 1ᵉʳ et 5ᵉ corps. Nous serons amenés à conclure avec certitude que le 5ᵉ corps ne fut mis sous les ordres du maréchal de Mac-Mahon que le 5 août à midi.

Dans la journée du 4 août, avant que la nouvelle du combat de Wissembourg ne fût parvenue à Metz, il y eut un ordre, ou une velléité d'ordre, mettant une partie du 5ᵉ corps sous les ordres du maréchal de Mac-Mahon.

(D) Le général de Failly ira rejoindre à Bitche la division qui y est déjà ; ces deux divisions seront sous les ordres du maréchal de Mac-Mahon. Celle qui reste à Sarreguemines se mettra en relation avec celle qui est à Puttelange et sera sous le commandement du maréchal Bazaine ([1]).

Cet ordre ne porte pas d'heure d'envoi. Il semble probable qu'il n'a pas été expédié. On n'en trouve aucune trace dans la correspondance des 1ᵉʳ et 5ᵉ corps. Les survivants des états-majors de

---

1. *Revue d'Histoire*, septembre 1901, pages 588 et 627.

ces deux corps d'armée n'ont aucun souvenir de cet ordre. Ils affirment qu'il n'a jamais été reçu.

Il est certain que Mac-Mahon n'a pas connu cet ordre D, dans la journée du 4 août. S'il en avait eu connaissance, il eût modifié ses télégrammes A et B, qui demandaient des divisions de renfort.

Mac-Mahon n'a pas reçu non plus cet ordre dans la matinée du 5 ; sans quoi, dans son télégramme C du 5 août, 10ʰ 50 du matin, il n'eût pas encore demandé « un corps d'armée de la Moselle... »

On doit admettre comme certain que l'ordre D n'a pas été donné, ou n'est pas parvenu.

Il faut le considérer comme n'ayant pas existé.

Le 4, vers 5 heures du soir, le général de Failly, à Sarreguemines, recevait de Metz l'ordre télégraphique suivant :

Soutenez avec vos deux divisions celle que vous avez à Bitche ([1]).

Cette prescription exécutée, le 5ᵉ corps aurait donc eu ses trois divisions à Bitche dans la journée du 5.

A la réception de cet ordre, le général de Failly adressait le télégramme suivant au général Frossard :

Sarreguemines, 4 août, 5ʰ 50 soir.

Par ordre de l'Empereur je vais appuyer, avec mes deux divisions de Sarreguemines, celle qui est à Bitche ([2]).

Mais le général de Failly ne faisait pas connaître son mouvement au maréchal de Mac-Mahon.

Cet ordre avait-il été donné par Napoléon III à la nouvelle du combat de Wissembourg ? L'Empereur avait-il connaissance de ce combat vers 4 ou 5 heures du soir ? Cela n'est pas du tout probable, car le télégramme A envoyé du Pigeonnier à 2ʰ 30 ne partait de Haguenau qu'à 5ʰ 50 du soir ([3]).

Le mouvement prescrit ne mettait aucunement le 5ᵉ corps sous

1. Journal du lieutenant-colonel Clémeur (*Revue d'Histoire*, septembre 1899, page 361).
2. *Revue d'Histoire*, septembre 1901, page 678.
3. *Revue d'Histoire*, juillet 1901, page 166, note 2.

les ordres du maréchal de Mac-Mahon. Il assurait la concentration du 5ᵉ corps à Bitche, à mi-distance entre les troupes d'Alsace et celles de Lorraine.

A 9 heures du soir, les ordres étaient donnés dans le 5ᵉ corps pour que les deux divisions de Sarreguemines partent le 5 pour Bitche : « Demain, au point du jour, les deux divisions (Goze et L'Abadie) marcheront sur Bitche ([1]). »

On ne savait pas si elles devaient aller ailleurs qu'à Bitche. Il n'avait pas été question de mettre le 5ᵉ corps sous les ordres du maréchal de Mac-Mahon. Le général Liédot télégraphiait au général Soleille, à Metz, le 4 août, à 9ʰ 10 du soir :

> Le 5ᵉ corps d'armée quitte Sarreguemines pour se concentrer sur Bitche, sans savoir quelle direction ultérieure lui sera donnée... ([2]).

Il semble donc bien établi que le 5ᵉ corps n'avait nullement été mis sous les ordres du maréchal de Mac-Mahon dans la journée du 4 août.

Dans la matinée du 5 août, la situation reste la même. Aucun ordre n'est donné pour grouper les corps d'armée.

Nous avons déjà fait remarquer que le 5, à 10ʰ 50 du matin, Mac-Mahon envoyait un télégramme demandant le renfort d'un corps d'armée. C'est une preuve absolue que le 5ᵉ corps n'était pas encore à sa disposition.

Le premier ordre par lequel le 5ᵉ corps est mis sous les ordres du maréchal de Mac-Mahon est le suivant :

(E)   LE MAJOR GÉNÉRAL AUX COMMANDANTS DES HUIT CORPS D'ARMÉE

(Chiffré)

Metz, 5 août, 12ʰ 50 du soir.

Par ordre de l'Empereur,

A dater de ce jour, les 1ᵉʳ, 5ᵉ et 7ᵉ corps d'armée sont placés, en ce

---

1. *Revue d'Histoire*, septembre 1901, page 679. Général de Failly au major général, 4 août, 8ʰ35 soir.

2. *Revue d'Histoire*, septembre 1901, page 679.

qui concerne les opérations militaires, sous les ordres directs de
S. Exc. M. le maréchal de Mac-Mahon, duc de Magenta.

A dater de ce jour, les 2e, 3e et 4e corps d'armée sont placés, en ce
qui concerne les opérations militaires, sous les ordres directs de
S. Exc. M. le maréchal Bazaine ([1]).

Un a émis l'opinion ([2]) que ce groupement des corps d'armée
avait été déterminé par le télégramme C du maréchal de Mac-
Mahon, demandant un corps d'armée de la Moselle pour reprendre
l'offensive avec avantage.

Les heures des deux télégrammes : Frœschwiller 10h 5o, Metz
12h 5o, rendent le fait possible, mais la lenteur des transmissions
télégraphiques dans ces journées laisse planer un doute sur la
question. Il est très probable que le partage des corps d'armée
en deux armées était décidé dans la matinée du 5, d'après les
télégrammes A et B du 4 août et avant l'arrivée du télégramme C.

D'ailleurs il importe peu de savoir si c'est le télégramme du
5 août ou ceux du 4 qui ont déterminé la décision prise le 5 à
midi au quartier général de Metz ([3]). L'essentiel est de constater
que c'est seulement le 5 à midi que le 5e corps est mis sous les
ordres du maréchal de Mac-Mahon. Le fait est souligné par les
premiers mots de l'ordre E : « A dater de ce jour... »

Il faut noter de suite que cet ordre n'indiquait pas au maréchal
de Mac-Mahon l'emplacement du quartier général du 5e corps, de
même qu'il ne faisait pas connaître au commandant du 5e corps
le point où se trouvait le chef sous les ordres duquel il était placé.

Ce télégramme E est le point de départ des relations entre le
maréchal de Mac-Mahon et le général de Failly. Nous verrons
plus loin à quelle heure l'un et l'autre en eurent connaissance.

Par ailleurs, le télégramme C de Mac-Mahon, envoyé le 5, à
10h 5o, arrivait à Metz, sans doute, vers 2 ou 3 heures.

1, *Revue d'Histoire,* octobre 1901, page 857.

2. *Revue d'Histoire,* novembre 1901, page 1103.

3. La question est d'autant plus difficile à préciser que le télégramme E, daté de
12h5o, paraît n'être parti de Metz qu'à 2h2o (Voir Archives de la Guerre. Télégramme
n° 2469).

A sa réception, le major général envoyait au général de Failly un nouveau télégramme :

(F)   Metz, 5 août, 4 heures du soir.

Le maréchal de Mac-Mahon télégraphie de Reichshoffen à l'Empereur qu'avec votre aide il serait en mesure de reprendre l'offensive.

L'Empereur vous renouvelle la recommandation de vous mettre immédiatement en communication avec le maréchal et de vous conformer à ses ordres ([1]).

---

1. *Revue d'Histoire*, octobre 1901, page 901.

VI

L'APRÈS-MIDI DU 5 AOUT AU 5ᵉ CORPS

Le général de Failly, venant de Sarreguemines, arrivait à Bitche vers 2 heures de l'après-midi ([1]).

Son corps d'armée était en majeure partie à Bitche : la division Lespart à Bitche ; la division Goze arrivant à 4 heures à la ferme Freudenberg, à 2 kilomètres de Bitche. La division L'Abadie avait une brigade à Rohrbach ; l'autre brigade (Lapasset) était restée à Sarreguemines.

« Peu de temps après son arrivée à Bitche ([2]) », c'est-à-dire, sans doute, vers 3 heures, le général de Failly rece.vait du major général le télégramme E qui le mettait sous les ordres du maréchal de Mac-Mahon. Au reçu de cet ordre, le général de Failly ne prit aucune mesure, semble-t-il, et n'essaya pas de se mettre en relations avec le commandant du 1ᵉʳ corps ([3]).

Vers 5 heures ([4]) il reçut le télégramme envoyé le 4 au soir de Reichshoffen par le maréchal et recommandant d'occuper Lemberg.

L'officier d'ordonnance, qui lut ce télégramme, s'écria aussitôt : « Il y a erreur de nom. Au lieu de Lemberg, qui est à 12 kilomètres en arrière, c'est Lembach qu'il faut lire. Lembach est à

---

1. « Journal de marche du 5ᵉ corps », rédigé par le lieutenant-colonel Clémeur (*Revue d'Histoire*, septembre 1899, page 364). A midi, d'après le commandant Haillot (Lettre du 13 avril 1905).

2. « Journal de marche » du lieutenant-colonel Clémeur (*Revue d'Histoire*, septembre 1899, page 365).

3. Le général de Failly a certainement fait une confusion quand il a écrit : « Lorsque les deux divisions étaient déjà en marche sur Bitche, le maréchal de Mac-Mahon fait connaître que, par ordre de l'Empereur, le 5ᵉ corps passe sous son commandement et l'invite à le rejoindre aussitôt que possible. »

Le général de Failly n'a reçu que du quartier général de Metz l'ordre qui le mettait sous les ordres de Mac-Mahon.

4. A 2 ou 3 heures, d'après le commandant Haillot (Lettre du 13 avril 1905).

8 kilomètres sur la route de Wissembourg où l'on s'est battu hier et dont les Allemands se sont emparés (¹). »

Le général de Failly partagea cette manière de voir, mais le même télégramme arriva par une seconde voie (²). Le général envoya alors un escadron de hussards reconnaître Lemberg ; cet escadron rentra à 9 heures du soir à Bitche.

Entre temps, l'opinion qu'il fallait occuper Lembach (entre Wœrth et Wissembourg) prenait de la consistance dans l'état-major du général de Failly. Il est certain que cette orientation donnée au 5ᵉ corps paraissait logique, tandis qu'une occupation urgente de Lemberg semblait anormale.

C'est aussi vers 5 heures du soir qu'arriva à Bitche le télégramme F du major général prescrivant de se mettre en communication avec le maréchal de Mac-Mahon et de se conformer à ses ordres (³).

D'ordres de Mac-Mahon, le général de Failly n'en avait pas reçu d'autre que celui d'occuper Lemberg, ordre que l'on interprétait par occuper Lembach.

Mais à défaut d'ordres, Failly savait que Mac-Mahon avait subi un échec le 4 et demandait son appui pour reprendre l'offensive. Il devait donc se porter vers l'est. Il devait, en tout cas, faire l'impossible pour se mettre en relations avec le commandant du 1ᵉʳ corps et connaître ses intentions.

---

1. Récit du commandant Haillot (Lettre du 14 mars 1905).

2. Le télégramme arriva par Niederbronn et par Sarreguemines (*Revue d'Histoire*, octobre 1901, page 824, note 2). Il est évident qu'il avait été transmis à Sarreguemines où le général de Failly était le 4 et dont il n'était parti que dans la matinée du 5.

3. Le général de Failly a certainement fait une confusion quand il a écrit : « 5 août. Seconde dépêche : Faites-moi connaître quel jour et par où vous me rallierez. Il est indispensable que nous réglions nos opérations. »

Ce télégramme n'a été envoyé de Frœschwiller que le 6 août à 5 heures du matin.

Le premier ordre de Mac-Mahon reçu par le général de Failly est certainement le télégramme envoyé de Frœschwiller le 5 à 7 heures du soir et reçu à Bitche à 11 heures du soir (voir plus loin télégrammes H et I).

D'après les souvenirs de quelques officiers de l'état-major du 1ᵉʳ corps, *avant* d'avoir reçu l'ordre E du major général mettant le 5ᵉ corps sous ses ordres, le maréchal de Mac-Mahon aurait télégraphié au général de Failly, en lui *demandant* de se rapprocher du 1ᵉʳ corps.

Ce télégramme n'a pas été retrouvé. Son existence paraît douteuse. Les officiers de l'état-major du 5ᵉ corps n'en ont pas souvenir.

C'est peut-être à cette communication que le général de Failly fait allusion dans le passage cité à la page précédente, note 3. C'est à cette demande de Mac-Mahon que répondrait le télégramme G envoyé par Failly le 5 à 6 heures du soir.

Les instructions antérieures avaient prescrit au général de Failly d'occuper Bitche. Il tenait ce point depuis le début de la concentration. L'ordre donné la veille lui enjoignait d'y concentrer ses trois divisions.

Ces considérations sont essentielles à souligner. Elles sont le point de départ des résolutions prises par le général de Failly. Bitche était, dans son idée, un point très important dont il avait la garde et un poste d'honneur pour lui.

Sollicité à 5 heures du soir, invité formellement, à 11 heures du soir, à se porter vers l'est, il ne jugera pouvoir le faire qu'avec une partie de ses forces, considérant qu'il restait toujours chargé de couvrir la région de Bitche.

C'est dans cet état d'âme qu'il donne ses ordres pour le lendemain 6 et qu'il télégraphie au maréchal de Mac-Mahon :

Bitche, 5 août, 6 heures soir.

(G) La division Lespart est seule à Bitche et partira à 6 heures du matin pour vous rejoindre ; les autres divisions suivront par la route de Niederbronn, aussitôt leur arrivée successive à Bitche ([1]).

On lit dans l'ordre de mouvement du 5e corps daté de Bitche 5 août, 5h 3o du soir :

« Demain 6 août, à 6 heures du matin, la division Goze viendra relever la division Lespart... Au fur et à mesure que les troupes de la division Lespart seront relevées dans les positions qu'elles occupent, elles se concentreront à l'est de Bitche, près la route de Wissembourg ([2])..... »

Le général de Failly télégraphiait à 5h 3o du soir au général Montaudon à Sarreguemines :

Ayant l'ordre d'appuyer sur ma droite, j'ordonne aux troupes qui sont à Wising de rejoindre Bitche ([3]).

Ainsi, la résolution du général de Failly entre 5 et 6 heures du soir se précise nettement. Mis sous les ordres du maréchal de Mac-

1. *Revue d'Histoire,* octobre 1901, page 901.
2. *Revue d'Histoire,* septembre 1899, page 369.
3. *Revue d'Histoire,* octobre 1901, pages 823 et 901.

Mahon, sollicité de lui donner son concours, mais n'ayant encore
de lui aucun autre ordre que celui assez vague d'occuper Lembach,
il se décide à continuer le 6 son mouvement du 5 et à appuyer
à l'est, mais en continuant, dans tous les cas, à occuper Bitche.

La division Lespart, qui n'a pas marché le 5, ne sera pas mise
en route le 5 au soir ni dans la nuit. Elle ne partira que le 6,
après avoir été « relevée » par la division Goze. On ne prévoit pas
encore que la division Goze puisse quitter Bitche ; il faudra
qu'elle soit elle-même relevée par la division L'Abadie ; ce mouvement ne peut être exécuté que le 7.

La défense de Bitche reste donc la plus grande préoccupation
du général de Failly. Le rôle qui lui a été assigné les jours précédents garde la première place dans son esprit, malgré les événements survenus, malgré les ordres reçus.

Le télégramme G du général de Failly paraît n'être jamais
parvenu à l'état-major du 1ᵉʳ corps, sans qu'on puisse en décou-
vrir le motif.

Le général de Failly, qui venait de recevoir l'ordre de se mettre
en communication avec le maréchal de Mac-Mahon, ne songea pas
à envoyer par estafette le double de ce télégramme, pas plus que
des suivants. Il en fut de même au 1ᵉʳ corps. Il y a moins de
30 kilomètres entre Bitche et Frœschwiller. Si les relations avaient
été établies par des officiers d'état-major à cheval, les incertitudes
auraient sans doute disparu, les doutes auraient été levés ; le
résultat de la journée du 6 pouvait être complètement changé.

Quant au texte même du télégramme G, on ose à peine l'ap-
profondir. Le général de Failly écrivait au chef qui ignorait la
situation du 5ᵉ corps et avait un intérêt pressant à la connaître :
« La division Lespart est seule à Bitche... » Or, il est certain,
d'après des documents irréfutables, que si la division Guyot de
Lespart était seule dans la petite ville même de Bitche, « la
1ʳᵉ division (Goze) est arrêtée à la ferme de Freudenberg où elle
arrive vers 4 heures. Cette ferme est située à 2 kilomètres de
Bitche, sur le plateau qui gravit la route de Sarreguemines (¹). »

---

1. « Journal de marche du lieutenant-colonel Clémeur, sous-chef d'état-major du
5ᵉ corps d'armée » (*Revue d'Histoire*, septembre 1899, page 364). Voir aussi la
situation du 5ᵉ corps le 5 août (*Revue d'Histoire*, octobre 1901, page 906).

Ainsi, le général de Failly avait l'idée absolument arrêtée qu'il était, toujours et avant tout, chargé de défendre Bitche. Il tenait tellement à y conserver une division, que pour être sûr que cette troupe ne soit pas attirée ailleurs, il allait jusqu'à altérer la vérité et à affirmer qu'il n'avait qu'une division à Bitche, alors qu'il s'en trouvait effectivement deux.

La même préoccupation reparaît quelques heures plus tard.

A 8ʰ 45 du soir, le général de Failly télégraphie au maréchal de Mac-Mahon : « Je ne puis disposer que d'un régiment d'infanterie et d'un de cavalerie. Que dois-je envoyer à Lemberg ? »

Peu après, l'escadron envoyé en reconnaissance à Lemberg rentrait à Bitche. Le général de Failly télégraphiait à 9 heures du soir au maréchal de Mac-Mahon :

Renseignements pris, j'ai lieu de penser que ce n'est pas le poste de Lemberg, gare de chemin de fer au sud de Bitche, qu'il s'agit d'occuper.

Il n'y a rien d'anormal dans cette direction. Il doit s'agir de Lembach à 32 kilomètres de Bitche. Faites-moi connaître l'effectif des troupes à y envoyer. Demain, à 10 heures seulement, je pourrai, par suite du mouvement de concentration qui s'opère sur Bitche, disposer, en cas de départ, de la division Lespart.

La réserve d'artillerie devra-t-elle marcher, ainsi que le convoi auxiliaire ?

Il est impossible à la division Lespart de faire 32 kilomètres dans la journée, si elle doit marcher militairement. Je viens d'en faire deux fois l'expérience.

L'idée du général de Failly reste la même. Il faut, avant tout, garder Bitche. Le 6, il ne veut disposer que de la division Lespart ; le reste du corps d'armée (division Goze et une brigade de la division L'Abadie) se concentrera à Bitche. Encore juge-t-il que la division Lespart ne sera disponible qu'à 10 heures du matin.

VII

MAC-MAHON APPELLE A LUI LE 5ᵉ CORPS

(5 août, 7 heures du soir)

———

Le télégramme E, mettant le 5ᵉ corps sous les ordres de Mac-Mahon, télégramme parti de Metz, comme nous l'avons vu, à midi 50, ou à 2ʰ20 du soir, le 5 août, arriva à Frœschwiller dans la soirée, sans doute vers 5 ou 6 heures du soir.

Le maréchal avait été dans l'après-midi visiter sa position défensive, rectifier quelques emplacements, recommander de prendre des précautions pour éviter les surprises de nuit et les paniques (¹). C'est au moment de son retour à Frœschwiller, ou peu de temps avant son retour, qu'arrivait le télégramme E.

« Vers 5 heures du soir, dit le colonel Broye qui l'accompagnait, le maréchal, rentrant à Frœschwiller, y trouve une dépêche du major général l'informant que le 5ᵉ corps était mis sous ses ordres (²). »

D'après les notes de Wiesbaden, « c'est aussi sur les 6 heures du soir » que « le maréchal reçut avis que le corps du général de Failly était mis à sa disposition (³) ».

Tous les récits concordent pour nous montrer Mac-Mahon donnant immédiatement un ordre :

« Séance tenante, dit le colonel Broye, il me dicta la dépêche suivante (⁴) :

(H) Vous êtes à ma disposition. Arrivez le plus tôt possible. Si vous arrivez demain, je livre bataille après-demain. Répondez-moi.

———

1. Récit du colonel Broye. Lettre du 21 décembre 1903.
2. *Id*. Lettre du 17 mars 1905.
3. *Revue d'Histoire,* novembre 1901, page 1125.
4. Récit du colonel Broye. Lettre du 17 mars 1905

Dans ses notes de Wiesbaden, Mac-Mahon rapporte aussi qu'il lui (au général de Failly) donna immédiatement l'ordre, par dépêche télégraphique, de le rejoindre le plus tôt possible ([1]).

Peu après, le maréchal envoya un second télégramme au général de Failly :

> (I) Venez à Reichshoffen avec tout votre corps d'armée le plus tôt possible. Nous manquons de vivres et si vous avez à Bitche des approvisionnements, formez un convoi spécial de vivres de toute nature que vous mettrez en chemin de fer et qui arrivera cette nuit. Vos troupes viendront par la grande route et j'espère que vous me rallierez dans la journée demain. Accusez-moi réception ([2]).

Les deux ordres II et I sont-ils réellement distincts ? Ont-ils été expédiés tous les deux ? Il est difficile de l'affirmer.

D'une part, le maréchal de Mac-Mahon dit dans ses Souvenirs avoir envoyé deux télégrammes ([3]) ; mais ces Souvenirs ont été écrits longtemps après 1870.

Le télégramme I existe aux archives de la guerre ; il est certain qu'il a été envoyé. L'ordre II diffère sensiblement de I et la mémoire du général Broye était très sûre quand il nous a fait ce récit qui n'est que la reproduction de notes écrites par lui à Pouru-aux-Bois, en septembre 1870. Il a affirmé que cette dépêche ne « contenait que cela ([4]) ».

D'autre part, il semble certain qu'un seul télégramme I est arrivé à Bitche, d'après les souvenirs des survivants de l'état-major du 5e corps. Les officiers de l'état-major du 1er corps ne peuvent pas affirmer qu'il soit parti deux télégrammes de Frœschwiller pour Bitche dans la soirée du 6. Cependant deux officiers, le capitaine de Vogüé et le capitaine de Vaulgrenant, ont été envoyés au bureau télégraphique de Reichshoffen ([5]).

Il est possible que plusieurs télégrammes aient été rédigés et qu'un seul ait été expédié. Ce qui est indiscutable, c'est que

---

1. *Revue d'Histoire*, novembre 1901, page 1125.
2. *Revue d'Histoire*, septembre 1899, page 369, et octobre 1901, page 902.
3. *Revue d'Histoire*, novembre 1901, page 1127.
4. Lettre du général Broye, 17 mars 1905.
5. Le capitaine de Vogüé a été tué le 6 août.

l'ordre I a été envoyé et est arrivé ; nous allons voir dans quelles conditions.

Ce télégramme, vu son importance, fut confié à un officier. Le capitaine de Vaulgrenant reçut l'ordre de monter à cheval, de se rendre rapidement au bureau télégraphique de Reichshoffen, de veiller à l'expédition, de provoquer la réponse du général de Failly et de la rapporter s'il était possible (¹). Il devait être environ 7ʰ 30 du soir.

Le télégramme I a été expédié à 8ʰ 10 du bureau de Reichshoffen. Le capitaine de Vaulgrenant essaya d'entrer en communication avec le général de Failly, mais ne put y parvenir. Après avoir employé deux heures en tentatives infructueuses au bureau du télégraphe, il rentra à Frœschwiller à 10ʰ 30 du soir (1).

---

1. Récit du capitaine de Vaulgrenant (Voir Archives de la Guerre, 5 mai 1904).

VIII

LA NUIT DU 5 AU 6 AOUT AU 5ᵉ CORPS

Il y a 24 kilomètres de Reichshoffen à Bitche. Un cavalier marchant à une allure très modérée aurait franchi cette distance en deux heures.

Le télégramme I, parti à 8ʰ 10 de Reichshoffen, n'était remis qu'à 11 heures à l'état-major du 5ᵉ corps.

Il est impossible de comprendre les motifs de cette extraordinaire lenteur de transmission, pas plus que les raisons qui empêchèrent le bureau télégraphique de Reichshoffen de recevoir des réponses de Bitche entre 8 heures et 10 heures du soir. Il y a lieu de remarquer que la communication télégraphique avait lieu par le fil de la voie ferrée et qu'il y a plusieurs stations intermédiaires entre Bitche et Reichshoffen. On sait aussi qu'un orage a éclaté dans la nuit du 5 au 6 août.

La ville de Bitche est très petite. Le général de Failly était logé dans une auberge au centre de la ville. L'état-major était à la mairie(¹), à 800 mètres de la gare (²). Les communications étaient donc excessivement faciles dans l'intérieur de Bitche.

Voici, d'après un témoin oculaire, ce qui se passa à Bitche dans la nuit du 5 au 6.

Vers 11 heures ou minuit(³), le capitaine de Piépape, officier de service à l'état-major du 5ᵉ corps, fut réveillé par un planton apportant un télégramme (⁴). C'était le télégramme I parti à 8ʰ 10 de Reichshoffen.

Le capitaine de Piépape alla le porter chez le général de Failly.

---

1. Récit du capitaine de Piépape. Lettre du 26 mars 1905.

2. Récit du capitaine de Lanouvelle. Lettre du 22 avril 1905.

3. Minuit, d'après le capitaine de Piépape, lettre du 16 mars 1905. 11 heures. d'après le colonel Clémeur (*Revue d'Histoire*, septembre 1899, page 366).

4. Récit du capitaine de Piépape. Lettre du 26 mars 1905.

Celui-ci se leva aussitôt et fit convoquer chez lui un conseil de guerre auquel assistèrent :

Le général de L'Abadie,

Le général Goze,

Le général Besson, chef d'état-major,

Le général Liédot, commandant l'artillerie,

Le colonel Chareton, directeur du génie,

L'intendant du corps d'armée,

Le commandant Haillot, aide de camp,

Le capitaine de Piépape, officier d'état-major ([1]).

Pour bien comprendre l'état d'âme du général de Failly à cette heure solennelle, il faut le suivre dans les journées précédentes.

Le 5ᵉ corps avait été formé à Bitche dès le 18 juillet. Le général de Failly avait l'idée arrêtée que Bitche était pour lui un poste d'honneur, position essentielle à tenir, trouée entre Metz et Wissembourg, dont il avait la garde et qu'il ne pouvait abandonner.

Le 24 juillet on l'avait fait appuyer à l'ouest vers Sarreguemines, en entraînant le 5ᵉ corps dans l'orbite des troupes de Metz et de Forbach.

Le 4 août on le ramenait à l'est, en le concentrant autour de Bitche, ce qui augmentait son idée préconçue qu'il ne devait pas abandonner ce point.

Il venait de recevoir, dans l'après-midi du 5, l'avis qu'il était sous les ordres du maréchal de Mac-Mahon pour les opérations militaires (télégr. E). La formule même de cet ordre semblait comporter une certaine restriction et, d'autre part, aucune explication ne l'accompagnait. Failly ignorait où était son nouveau chef. Il savait seulement que la division Douay avait été repoussée par des forces supérieures, le 4, à Wissembourg.

Cependant le général de Failly avait reçu dans l'après-midi un second télégramme de Metz (F) qui ne pouvait pas lui laisser beaucoup d'hésitations.

Par ailleurs, la région de Bitche, que Failly croyait toujours avoir à défendre, semblait directement menacée. On avait su « que, le 2 août, au soir, 12 000 hommes de troupes bavaroises

---

1. Le général Guyot de Lespart n'assistait pas au conseil de guerre.

sont arrivés à Deux-Ponts (25 kilomètres au nord de Bitche). Il y aurait une division d'infanterie, deux régiments de cavalerie, une compagnie de chasseurs ([1]). »

Dans la journée du 5, le commandant du 5ᵉ corps avait reçu plusieurs avis des maires de l'extrême frontière au nord de Bitche, faisant connaître que de gros rassemblements ennemis semblaient menacer Bitche.

Il était assez naturel de croire que l'offensive allemande du 4 à Wissembourg n'était que le prélude d'une marche générale en avant des armées ennemies. Le général de Failly pensait qu'il allait être attaqué à Bitche le 6.

En un mot, le commandant du 5ᵉ corps était ballotté depuis plusieurs jours entre le groupe de l'est et celui de l'ouest, sans en savoir les motifs et sans rien connaître des événements extérieurs. Il était depuis si peu d'heures sous les ordres de Mac-Mahon, qu'il se considérait à peine sous son commandement. Il était toujours hypnotisé par l'idée de Bitche dont il se considérait comme le gardien.

C'est dans ces conditions que, n'osant pas prendre seul une décision d'une grande gravité, il réunissait un conseil de guerre à minuit, dans la nuit du 5 au 6 août.

La discussion dura longtemps et ne se termina que vers 2 heures du matin.

Les généraux commandant les divisions étaient d'avis de marcher avec tout le corps d'armée vers l'est et de rejoindre Mac-Mahon.

Le général de Failly s'y refusait :

« Mais, voyons, Goze, je ne puis pas abandonner Bitche ! On se moquerait de moi. Bitche serait pris demain. Tout l'ennemi passerait par ce trou. On dirait que j'ai déserté !... Je ne puis envoyer au maréchal qu'une seule division, celle de Guyot de Lespart. Vous, Goze, vous resterez en position devant Bitche ([2]). »

---

1. Bulletin de renseignements du 5ᵉ corps le 3 août (*Revue d'Histoire*, juin 1901).

2. Si ce n'est pas le texte même des paroles prononcées, c'en est le sens exact. Toute cette scène est rapportée d'après le récit du capitaine du Piépape (Lettre du 26 mars 1905).

Les divisionnaires n'étaient pas de cet avis, et avec eux, le colonel Chareton. Ils répétaient sans cesse au général de Failly :
« On vous demande. Il faut marcher avec tout votre corps d'armée. »
Failly s'obstina et donna l'ordre de ne faire partir que la division Guyot de Lespart pour Reichshoffen.

A 3 heures du matin le général de Failly envoyait au maréchal de Mac-Mahon le télégramme suivant :

(J) Je ne puis disposer que d'une division ; je la réunis et la dirige sur Reichshoffen. Il est possible qu'elle soit obligée de s'arrêter à Niederbronn. Je vous envoie, faute d'approvisionnements, la réserve de la 3ᵉ division par le chemin de fer ; elle partira seulement demain. Je donne des ordres pour former un second convoi. Bliesbrücken est occupé par l'ennemi ; le télégraphe de Sarreguemines est coupé (¹).

Le temps nécessaire pour donner des ordres, pour « réunir », suivant les errements de l'époque, la division Lespart qui cependant était campée, fut tel que cette troupe ne se mit en route qu'à 6 ou 7 heures du matin.
Le général de Failly, avec son état-major, alla aux portes de Bitche voir le départ et donner quelques instructions au général de division. Le commandant du corps d'armée était tellement convaincu que l'ennemi attaquerait dans la journée, qu'il recommanda au général de Lespart de se bien garder, de s'éclairer dans les défilés et de marcher avec beaucoup de précautions.
Derrière le général de Failly, l'état-major était très soucieux et très contrarié de ne pas partir.
Tout à coup, plusieurs coups de canon retentirent dans les gorges ou au delà. Failly ne fit aucune réflexion et continua à parler avec le général de Lespart, étudiant les itinéraires sur la carte. Un grand silence régnait derrière eux. Les troupes commençaient à défiler vers l'est.
Un officier se penchant vers le chef d'état-major lui dit : « Dites donc au général qu'on entend le canon. » Le général Besson répondit brusquement : « Eh ! le général le sait bien, il n'est pas sourd ! »

---

1. *Revue d'Histoire*, septembre 1899, page 370.

La canonnade continua avec un bruit très affaibli par la distance
et les montagnes interposées. Quelques instants après, Failly serra
la main au général de Lespart en lui souhaitant bonne chance,
puis fit demi-tour et rentra à Bitche. Son état-major le suivit tête
basse (¹).

Le général de Failly a écrit en mars 1871 une brochure pour
expliquer sa conduite. Un passage semble donner la note précise
des sentiments auxquels a obéi le commandant du 5ᵉ corps dans
les journées des 5 et 6 août :

« Le principe de marcher au canon est vrai et sera toujours vrai
lorsque plusieurs corps d'armée cherchant l'ennemi sont privés
entre eux de communications. La voix du canon, alors, doit guider, diriger et hâter la marche.

« Mais lorsqu'un corps est chargé de la défense d'un point déterminé, qu'il couvre une trouée, protège des flancs et est en
communication directe avec le quartier général, siège de la direction des opérations, il doit se considérer comme un corps de réserve
sur le terrain de combat et ne se porter en avant que sur un ordre,
sous peine de risquer de compromettre le plan général (²). »

Aucune attaque ne se produisit du côté de Bitche. Dans l'après-
midi, le général de Failly, étant au bureau de son état-major, reçut
un télégramme. Il l'ouvrit et lut tout haut, l'air consterné :

« Tout est perdu, tout est en déroute (³). »

C'était un télégramme du chef de gare de Bannstein...

Le général de Failly a peut-être une excuse devant l'histoire.
Il était mal orienté par le commandement supérieur. Il n'était pas
renseigné. Il croyait être toujours chargé de la protection de la
région de Bitche.

En vérité, l'ordre du maréchal de Mac-Mahon était bien formel,
bien explicite. La meilleure preuve en est dans la façon dont

---

1. Récit du capitaine de Piépape. Lettre du 26 mars 1905.
2. *Opérations et marches du 5ᵉ corps,* par le général DE FAILLY, page 14, note 1.
3. « L'ennemi est à Niederbronn. Tout est en déroute » d'après le texte publié par la
Revue d'Histoire, avril 1902, page 952.

l'avaient compris l'état-major ainsi que les généraux présents à la discussion de la nuit.

On prêche beaucoup l'initiative. Failly en a fait preuve. Un commandant de corps d'armée a le droit et le devoir de ne pas obéir à la lettre, s'il juge que les circonstances nécessitent une interprétation de l'ordre reçu. Dans l'espèce, l'initiative de Failly a mal réussi.

Pour être impartial, il faut cependant considérer que les événements auraient pu se dérouler autrement. L'armée du prince royal aurait pu ne pas attaquer le 6 août. D'autres forces allemandes auraient pu prononcer une offensive dans cette journée dans la région de Bitche, comme Failly le croyait(¹). Dans cette hypothèse, le 5ᵉ corps aurait arrêté l'ennemi, aurait permis au 1ᵉʳ corps de repasser les Vosges sans être coupé. L'histoire aurait peut-être des éloges pour celui qui aurait su garder une partie de ses forces pour parer au danger le plus pressant.

Il est fort aisé de critiquer quand on a en mains toutes les données du problème.

Il est difficile de prendre une décision parfaite quand on est dans l'incertitude.

L'histoire doit peut-être avoir de l'indulgence pour ceux qui ont voulu et cru bien faire.

Il est certain que les événements ont donné tort aux prévisions du général de Failly. Il est certain qu'il n'a pas vu juste, et que, mis sous les ordres du maréchal de Mac-Mahon, recevant de lui un ordre net, il devait s'y conformer.

Son excuse devant l'histoire, s'il doit avoir une excuse, sera d'avoir cru qu'il était dans l'obligation de tenir Bitche. Il a envisagé que, chargé d'une nouvelle mission, il conservait cependant celle des jours précédents. Ayant deux rôles à remplir, il a scindé son corps en deux et n'a envoyé qu'une division à Mac-Mahon.

Son état d'âme, sa conviction sont résumés par ses paroles rapportées par un témoin auriculaire :

« Mais, voyons ! Goze, je ne puis pas abandonner Bitche ! »

---

1. Une division du VIᵉ corps prussien, arrivée le 5 à Landau, devait marcher, le 6 dans la direction de Pirmasens et de Bitche (*Revue d'Histoire*, novembre 1901, page 1120).

L'erreur la plus grande de Failly est peut-être d'avoir réuni un conseil de guerre et de n'avoir pas eu l'énergie de prendre seul une décision. Il aurait ainsi gagné deux ou trois heures. Si la division Lespart partait seule, elle pouvait au moins partir plus vite.

Les retards dans la transmission des ordres, dans les préparatifs de départ, ainsi que la lenteur de marche de la division Lespart, ne sont imputables qu'aux habitudes de l'époque.

IX

MAC-MAHON DEVAIT-IL BATTRE EN RETRAITE
DANS LA MATINÉE DU 6 ?

Le 6, au point du jour, le maréchal de Mac-Mahon disposait de 5 divisions d'infanterie en comptant la division Conseil-Dumesnil, débarquée à Reichshoffen dans la nuit du 5 au 6. Ses forces s'élevaient au total à 40 000 hommes environ([1]). Les troupes étaient excellentes. Une division avait été fort éprouvée à Wissembourg ; les autres étaient intactes ; toutes étaient pleines d'ardeur.

Les forces allemandes aperçues l'avant-veille, au sud de Wissembourg, avaient été évaluées à 60 000 hommes.

Telles étaient les seules données positives du problème qui se posait au maréchal de Mac-Mahon dans les premières heures du 6 août.

Ce problème était grave : le 1er corps d'armée devait-il attendre ses renforts sur la position défensive de Frœschwiller en risquant une bataille contre des forces supérieures ? Devait-il, au contraire, éviter le combat de façon à rallier la majeure partie des 5e et 7e corps avant d'engager la lutte ?

A côté des données fermes que nous avons citées, il faut placer les hypothèses les plus vraisemblables qui pouvaient être faites. Si l'on avait aperçu, du col du Pigeonnier, environ 60 000 Allemands au sud de Wissembourg, le 4 août, vers 4 heures du soir, il fallait évidemment considérer ce nombre comme le minimum des

---

1. 46 000 d'après la situation d'effectif du 5e corps. 35 000 d'après le journal de marche du 1er corps et les notes dictées à Wiesbaden. Il semble qu'il y ait eu 35 000 fantassins et 6 000 cavaliers sur le champ de bataille du 6 août (*Revue d'Histoire*, janvier 1902, page 137, note 3 ; avril 1902, page 912).

forces que l'on pouvait avoir à combattre. En effet, il était possible, et même probable, que l'on n'eût pas vu toute l'armée ennemie et que des divisions ou corps de seconde ligne suivissent ceux engagés contre la division Douay.

Qu'était devenue cette armée allemande dans la journée du 5 ? Il semble qu'on l'ignorait absolument, bien que Wissembourg ne soit qu'à une petite étape de Frœschwiller. La division Ducrot et quelques fractions de la division Douay avaient été très faiblement poursuivies sur la route de Lembach.

Nous avons cherché à élucider la question des reconnaissances faites dans la journée du 5 par ordre du maréchal de Mac-Mahon dans la région de Soultz. On a vu que nous n'étions arrivés à aucune conclusion sûre.

Soit que l'on n'ait pas envoyé de reconnaissances, soit que, suivant les errements de l'époque, elles aient été exécutées de telle sorte qu'elles ne pouvaient servir à rien, il paraît certain que l'état-major du 1er corps n'avait reçu, le 6 au point du jour, aucune nouvelle de l'armée ennemie ; s'il connaissait à peu près son effectif, il ne savait rien de la marche qu'elle avait faite dans la journée du 5. Le fait semble d'autant plus étonnant que l'armée française était en pays ami, et que l'envoi des paysans expédiés à la recherche de nouvelles aurait dû être bien facile. Toujours est-il hors de doute que l'état-major du 1er corps n'avait en aucune façon le contact de l'armée allemande.

On était donc réduit à des hypothèses. Celles-ci étaient faciles à faire. L'armée ennemie marcherait vers le sud dans la plaine d'Alsace ; ou elle viendrait attaquer les Français à Wœrth ; ou elle marcherait vers l'ouest par la route de Lembach à Bitche pour rejoindre les armées prussiennes de la vallée de la Sarre.

Quel jour l'armée allemande se mettrait-elle en mouvement ? Il était impossible de le savoir, d'autant plus impossible qu'aucune reconnaissance, aucun service de renseignements n'étaient en action. Aurait-on affaire le 6 aux troupes victorieuses à Wissembourg, ou aux mêmes renforcées de nouveaux éléments ? Ou bien cette armée allait-elle faire une halte après le passage de la Lauter ? L'ennemi, n'ayant montré que quelques reconnaissances de cavalerie, dans la journée du 5, sur les rives de la Sauer, ne semblait pas bien pressant. On pouvait croire qu'il n'attaquerait pas le 6 (¹).

D'autre part, sur quels renforts pouvait compter le maréchal de Mac-Mahon ?

Au 7ᵉ corps, déjà sous ses ordres depuis plusieurs jours, il n'avait demandé que la division Conseil-Dumesnil, laissant la division Liébert en Haute-Alsace. Le maréchal de Mac-Mahon n'avait donc plus rien à espérer du côté du 7ᵉ corps dans la journée du 6 ; il ne pouvait en attendre un secours pour le 7, que s'il donnait de nouveaux ordres.

La situation se présentait tout autrement en ce qui concerne le 5ᵉ corps.

D'après l'étude détaillée qu'on a lue plus haut, on sait que le maréchal de Mac-Mahon avait adressé au général de Failly, par le télégramme I, parti le 5, à 8ʰ 10 du soir, un ordre impératif lui enjoignant de le rallier, avec tout le 5ᵉ corps, le plus tôt possible. Le maréchal de Mac-Mahon n'avait reçu dans la nuit aucune réponse du 5ᵉ corps ; mais il comptait le voir déboucher dans la matinée.

L'ensemble de ces faits est capital pour se rendre compte de l'état d'esprit où devait se trouver le commandant du 1ᵉʳ corps dans les premières heures du 6. Nous croyons avoir apporté des preuves suffisantes pour les établir. Si l'on en fait abstraction, on ne peut se rendre compte des résolutions prises par le maréchal de Mac-Mahon.

Si l'on n'avait aucune nouvelle du 5ᵉ corps, il était logique de supposer qu'il allait cependant arriver à Reichshoffen, dans la matinée du 6, ou tout au moins dans la journée, avec deux de ses divisions, sinon avec les trois. Le général de Failly avait vraisemblablement reçu, le 5 août vers 4 ou 5 heures au plus tard, le télégramme E du major général arrivé à 6 heures à Frœschwiller. De plus, il n'y avait aucune raison de croire qu'il n'eût pas reçu dans la soirée l'ordre impératif I du maréchal lui prescrivant de le rejoindre. Bien que le silence du général de Failly fût difficile

---

1. Il n'était pas téméraire de penser de la sorte, et l'on sait aujourd'hui que telle était, en effet, l'intention du prince royal.

à expliquer, on pouvait espérer qu'il ne répondait pas, parce qu'ayant reçu l'ordre de venir, il l'exécutait. On devait supposer, sans grand optimisme, qu'il avait mis ses divisions en marche au milieu de la nuit, ou tout au moins dans les premières heures du 6. Il y a 24 kilomètres de Bitche à Reichshoffen. On pouvait escompter l'apparition des têtes de colonne du 5e corps dans la matinée, vers 10 heures, et l'arrivée d'une ou deux divisions, vers midi ou 2 heures, non loin de Frœschwiller.

Le maréchal de Mac-Mahon ignorait les emplacements des diverses divisions du 5e corps. Par un oubli inexcusable, le major général, en mettant Failly sous les ordres de Mac-Mahon, n'avait pas notifié au maréchal la situation du 5e corps.

Il n'est pas possible de se rendre compte si l'état-major du 1er corps, dans la soirée du 5, croyait le général de Failly concentré à Bitche. En tout cas, le maréchal de Mac-Mahon ne pensait pas que ce corps fût échelonné bien loin vers l'ouest ; il regardait sa marche vers Reichshoffen comme facile. Après lui avoir donné l'ordre ferme de rejoindre, il ne doutait pas de son arrivée.

« Il comptait être soutenu par tout le 5e corps dans la journée du 6 », comme l'affirment les officiers de son état-major, et en particulier, son aide de camp, le lieutenant-colonel Broye.

On doit aussi tenir compte d'une autre donnée qu'avait le maréchal de Mac-Mahon pour envisager sa situation. Ce sont les ordres qu'il avait précédemment reçus. Ce point est fort important. Le maréchal de Mac-Mahon n'était pas généralissime ; il n'avait pas à faire de la stratégie pour son propre compte et à décider s'il était opportun d'abandonner l'Alsace ou de la défendre. Il commandait un corps d'une armée et faisait partie d'un tout dont le chef devait être supposé avoir un plan d'ensemble. Depuis quelques jours, il avait le commandement de deux corps d'armée, et de trois depuis la veille au soir, mais il n'avait reçu aucune indépendance et correspondait journellement avec le quartier général de Metz.

La première instruction sur le rôle qui lui était donné était contenue dans l'ordre reçu le 24 juillet. Cet ordre lui avait fait connaître « qu'il était chargé de défendre la frontière d'Huningue à Lauterbourg et de Lauterbourg aux premières crêtes des Vosges. »

Il était allé à Metz conférer avec l'Empereur et en était revenu le 31 juillet, ayant reçu l'ordre de se rapprocher de la frontière du nord.

La nouvelle de l'offensive allemande du 4 août, et du combat de Wissembourg, l'annonce d'un effectif de 60 000 à 80 000 ennemis au sud de la Lauter, n'avaient déterminé aucun ordre nouveau de la part de l'Empereur. Le télégramme E du 5 août, qui mettait le 5ᵉ corps sous les ordres du maréchal de Mac-Mahon, n'avait pas modifié ses instructions. Il restait donc chargé de défendre la frontière.

Nous ne voulons pas discuter ici la valeur intrinsèque, au point de vue stratégique, des ordres donnés au 1ᵉʳ corps par le commandant en chef de l'armée du Rhin. Le maréchal de Mac-Mahon avait à les exécuter.

La défaite d'une de ses divisions à Wissembourg ne le libérait pas de cette obligation. Il demeurait chargé de la même mission avec un effectif devenu plus fort. Sauf le cas de force majeure, son devoir militaire était certainement d'obéir aux ordres très nets reçus et de s'efforcer de défendre la frontière. Tout étrange que pût paraître cet ordre, il s'agissait, non pas de le discuter, mais de l'exécuter. Le cas de force majeure n'existait pas pour contraindre à une retraite. Le projet de reprendre l'offensive le 7 n'était pas téméraire ; il pouvait avoir des chances de succès. Si l'on n'était pas attaqué le 6 dans la matinée, comme on l'escomptait, il n'y avait pas de raison *a priori* pour abandonner la partie et pour ne pas remplir la mission donnée par le généralissime.

Toutefois, il est juste d'ajouter que si le maréchal de Mac-Mahon était lié par les ordres reçus de Metz, que s'il était tenu de les exécuter, il restait maître de fixer les mesures d'exécution.

La mission reçue ne devait pas, en vérité, se considérer d'une façon étroite.

Le commandant d'une armée de dix divisions était assurément libre de choisir le lieu et l'heure où il devait livrer bataille. La thèse de la nécessité de la retraite pouvait facilement se défendre.

N'ayant que les deux tiers de son armée réunis le matin du 6, le maréchal de Mac-Mahon pouvait redouter l'attaque des forces allemandes doubles des siennes et que, de ses propres yeux, il avait vues le 4, à 4 heures du soir, au sud de Wissembourg, à une très petite étape de Wœrth. Il était prudent de reculer pour se soustraire à cette étreinte du plus fort. Il était sage de se concentrer en arrière, puisque la concentration en avant semblait fort aléatoire et risquait de se faire sous le canon de l'ennemi. Mieux valait reculer volontairement sans combat pour livrer bataille en force deux jours plus tard. La meilleure façon de défendre la frontière n'était pas de combattre à tout prix à 30 kilomètres de la Lauter, mais de manœuvrer de façon à battre l'ennemi, fût-ce à 60 ou 80 kilomètres plus au sud ou plus à l'ouest.

En face de ces arguments, pour ou contre la retraite, le maréchal de Mac-Mahon aurait eu le droit d'être dans un grand embarras.

Les éléments d'appréciation, qui lui faisaient principalement défaut, étaient l'absence de réponse du 5e corps et le manque de renseignements sur l'ennemi. Nous avons étudié en détail les relations entre le 1er et le 5e corps et la question des reconnaissances.

Le maréchal de Mac-Mahon avait envoyé un ordre très net au général de Failly. Celui-ci avait été quatre heures avant d'y répondre. De plus, les deux télégrammes : l'ordre du 1er corps et la réponse du 5e, prenaient plusieurs heures pour franchir les 30 kilomètres qui séparaient les deux quartiers généraux, sans qu'on puisse comprendre la raison de cet extraordinaire retard. Un officier envoyé à cheval aurait certainement rapporté bien plus vite à Frœschwiller la réponse du 5e corps ; peut-être aussi aurait-il déterminé une décision plus rapide du général de Failly et l'aurait-il convaincu de la nécessité de marcher vers Niederbronn. En tout cas, le maréchal de Mac-Mahon aurait pu assurer par deux moyens différents l'envoi de cet ordre si important.

Il semble, à en juger par les documents que l'on a maintenant sous les yeux, que le point faible de la stratégie du maréchal de Mac-Mahon, le 5 août, était le manque de reconnaissances, l'absence de tout organe chargé de garder ou d'aller chercher le contact. C'est aux mœurs militaires de l'époque, plus qu'aux personnes, qu'il faut reprocher cette passivité.

Renseigné sur la force, sur la marche et sur les positions de l'armée allemande, le maréchal de Mac-Mahon aurait pu juger la situation d'une façon toute différente. La retraite se serait peut-être imposée, sinon dès les premières heures de la matinée du 6, du moins dès qu'une attaque sérieuse se serait produite.

Ignorant tout de l'ennemi qui était sur l'autre rive de la Sauer, se méprenant sur les intentions de son adversaire, le maréchal pouvait logiquement rester en position d'attente à Frœschwiller. Il n'avait pas plus de raison pour battre en retraite le 6 à 5 heures du matin, que le 4 dans la soirée ou le 5 pendant toute la journée. Il avait même, le 6, à 5 heures du matin, beaucoup plus de motifs de rester en place que le 5 ; en effet, il avait depuis douze heures un corps d'armée de plus sous ses ordres ; il avait envoyé à ce corps d'armée l'ordre de le rallier et la distance à franchir n'était que d'une étape moyenne.

D'après l'ensemble de ces données, on peut tenter de reconstituer les réflexions qu'a pu faire le maréchal de Mac-Mahon à l'aube du 6 août.

Le silence de Failly est étonnant, mais cependant l'arrivée du 5ᵉ corps dans le courant de la journée est plus que probable. Le commandant de l'armée d'Alsace va donc disposer dans l'après-midi, et tout au moins dans la soirée du 6, de huit divisions d'infanterie avec deux divisions de cavalerie et les réserves d'artillerie de deux corps d'armée.

D'autre part, aucun ordre n'est venu de Metz sur la conduite à tenir, depuis trente-six heures que l'Empereur sait que la division Douay a été écrasée par une armée ennemie ayant franchi la Lauter. Le maréchal de Mac-Mahon conserve donc la mission de défendre la frontière d'Alsace. Dans ces conditions, il ne se croit pas le droit de se retirer sans combattre.

D'ailleurs, l'ennemi ne semble pas bien pressant. Sans renseignements, on se figure que les Allemands n'attaqueront pas le 6.

Le 1ᵉʳ corps recevra ses renforts pendant cette journée, sur une position défensive qui a été étudiée depuis longtemps, qui passe pour excellente, et dont la force fait présager un succès si l'ennemi vient l'attaquer.

Le 6 au soir, le maréchal aura 60 000 ou 80 000 hommes. Il prendra l'offensive le 7, ayant des forces à peu près égales à celles de l'ennemi, et, confiant dans son étoile, il le « culbutera dans la vallée du Rhin ». Cette idée est celle qu'il a énoncée dans son ordre à Failly du 5, à 8 heures du soir : « ... si vous arrivez demain, je livre bataille après-demain ».

X

MAC-MAHON EST SANS NOUVELLES DU 5ᵉ CORPS

(6 août, 4 heures du matin)

Après avoir discuté la question théorique de l'opportunité d'une retraite dans les premières heures du 6 août, nous allons maintenant examiner le côté historique de la question et tâcher de reconstituer les faits tels qu'ils se sont passés.

Le maréchal de Mac-Mahon était « debout dès l'aube » au château de Frœschwiller. Il était « inquiet du silence du général de Failly et préoccupé de la situation » ([1]).

C'est à ce moment, vers 4ʰ3o du matin, qu'il faut placer l'envoi du télégramme adressé au général de Failly.

(K) Faites-moi connaître immédiatement quel jour et par où vous me rallierez. Il est indispensable et urgent que nous réglions ensemble nos opérations.

Ce télégramme est porté de Frœschwiller à Reichshoffen et part du bureau télégraphique de cette localité à 5ʰ14. Il arrive à Bitche, est déchiffré par le capitaine de Lanouvelle et remis au général de Failly avant 7 heures du matin ([2]).

On a voulu voir dans ce télégramme une atténuation apportée

---

1. Récit du colonel Broye. Lettre du 21 décembre 1903.

2. C'est par erreur que le général de Failly dit avoir reçu cette dépêche le 5 août. Le journal du lieutenant-colonel Clémeur lui donne bien la date du 6 août, 5ʰ3o matin (*Revue d'Histoire*, septembre 1899, page 380). Il en est de même du journal du capitaine de Lanouvelle (*Revue d'Histoire*, avril 1902, page 937).

Dans le journal du capitaine de Piépape, on la trouve deux fois, au 5 août soir et au 6 août matin. Au 5 août, elle est rajoutée, avec un numéro bis, au bas d'une page. Il y a eu certainement là une confusion. D'ailleurs il est évident que la même dépêche n'aurait pas été envoyée deux fois, exactement dans les mêmes termes.

Il est hors de doute que ce télégramme a été envoyé pour la première et unique fois e 6 août vers 5 heures du matin.

par le maréchal de Mac-Mahon à l'ordre impératif de la veille au
soir prescrivant au 5ᵉ corps de rejoindre le 1ᵉʳ. Il nous semble
qu'il n'en est rien.

Le maréchal n'a pas de réponse du 5ᵉ corps. Il y a lieu de
s'étonner et de s'inquiéter de ce silence. Mais le maréchal est
convaincu que son ordre a été reçu ; il ne met pas en doute que
le général de Failly ne soit en voie de l'exécuter. M. de Leusse,
qui a parlé avec le maréchal à ce moment de la matinée, nous
montre qu' « il attendait le général de Failly qui devait être en
route » (1).

Le maréchal, le 5 au soir, avait envoyé au 5ᵉ corps l'ordre de
rejoindre « le plus tôt possible » (2), mais n'avait pu donner aucune prescription de détail. D'après un des textes du télégramme,
il avait prescrit : « Vos troupes viendront par la grande route. »
D'après les autres textes, il n'aurait point donné cette indication (2).

En tout cas, l'absence de réponse du général de Failly pouvait
faire croire que le 5ᵉ corps n'était plus à Bitche. Il était alors
possible que le général de Failly envoyât ses divisions à Reichshoffen par une autre route que celle de Philippsbourg : le chemin
de Wimmenau pouvait être utilisé, ou même celui de La Petite-
Pierre.

L'itinéraire suivi par le général de Failly était fort utile à connaître. L'appoint du 5ᵉ corps était tout différent selon qu'il
débouchait en Alsace à Niederbronn ou à Ingwiller. Le maréchal
devait forcément tenir compte dans ses projets du point par où
arriveraient ses renforts. Il devait aussi tenir compte du moment
où ils seraient à sa portée. Ce sont ces considérations qui font
comprendre le texte du télégramme : « Faites-moi connaître
immédiatement quel jour et par où vous me rallierez. »

La suite du télégramme s'explique aussi fort bien : « Il est
indispensable et urgent que nous réglions nos opérations. » En
effet, il faut une entente préalable pour manœuvrer. Il faut que
le commandant en chef sache où et quand arriveront ses renforts.
D'après cela, il décidera s'il doit demeurer sur la position de
Frœschwiller ou battre en retraite vers le sud-ouest.

---

1. *Vie militaire du général Ducrot*, tome II, page 364.
2. Voir plus haut les télégrammes H et I.

Nous avons vu plus haut qu'en face de la délicate résolution qu'il avait à prendre, une des données qui manquaient au maréchal de Mac-Mahon était le jour et l'heure d'arrivée du 5ᵉ corps dont il était sans nouvelles. Cette importante réponse qu'il n'avait pas, il la demandait par son télégramme envoyé vers 4ʰ30. Il n'y avait dans son esprit aucune atténuation à l'ordre de rejoindre le plus tôt possible, envoyé la veille au soir.

Le général de Failly ne répondit pas au télégramme K du maréchal de Mac-Mahon.

Il ne considéra pas que ce nouvel appel dût modifier ses dispositions pour la journée du 6 et resta immobile devant Bitche avec la division Goze, qui n'avait fait dans la matinée que les 2 kilomètres séparant de Bitche la ferme Freudenberg.

Le général de Failly prit la décision de quitter Bitche le 7, avec le gros de son corps d'armée, pour se porter vers l'est.

Il télégraphiait au major général, à Metz, le 6, à 10ʰ20 du matin :

« Le maréchal de Mac-Mahon me donne l'ordre de le rejoindre à Reichshoffen avec tout mon corps d'armée et d'abandonner Bitche. Je laisse dans le fort un bataillon. Je compte partir demain avec la division Goze et une brigade de la division L'Abadie. L'autre brigade n'arrivera à Bitche que demain ; si la route est libre, elle me rejoindra le lendemain. Je laisse la brigade de lanciers à Rohrbach, avec ordre, si elle est trop vivement inquiétée, de me rejoindre par Lemberg et Ingwiller. »

Les motifs donnés par le général de Failly pour être resté immobile le 6, à Bitche, avec la division Goze sont que le déploiement de cette division « couvre le mouvement du général Lespart » [1] et qu' « on s'attend à être attaqué d'un moment à l'autre » [1]. En effet, « tous les avis arrivés la veille et pendant la nuit ont signalé la présence de l'ennemi du côté de Rohrbach, de Volmunster et au nord de Bitche, par la route de Deux-Ponts et de Pirmasens » [1].

De plus, le général de Failly se croit tenu à « attendre l'arrivée de la division L'Abadie et de l'artillerie de réserve qu'il ne peut abandonner » ([1]).

Le journal de marche du 5ᵉ corps note que le général de Failly « croit avoir agi pour le mieux et s'être scrupuleusement conformé à ce que lui dictaient les circonstances, qu'il pouvait seul apprécier en ce moment » ([1]).

L'entourage du général de Failly ne semble pas avoir partagé sa manière de voir au sujet de l'immobilité de la division Goze à Bitche. On lit dans le journal du capitaine de Lanouvelle :

« Peu de temps avant le départ de la division (Lespart), le canon se fait entendre du côté de l'est, puis cesse et reprend vers 8ʰ 3o et ne cesse de résonner à nos oreilles avec une intensité croissante, comme un appel croissant et désespéré, jusque vers 3 heures du soir. Nous sommes dans l'impatience de monter à cheval et les heures passent dans l'anxiété la plus vive ([2]). »

Nous avons déjà indiqué les motifs qui expliquent et peuvent excuser l'inaction du général de Failly.

Les fautes commises sont moins imputables aux hommes qu'aux mœurs militaires de l'époque. Avec ce que nous savons aujourd'hui, avec l'expérience donnée par la guerre de 1870, avec les progrès faits par les connaissances tactiques, nous avons de la peine à juger impartialement ce qu'ont fait nos devanciers.

Nous sommes stupéfaits de voir que la division Goze fut déployée *a priori* sur deux lignes en avant de Bitche et attendit toute la journée l'attaque d'un ennemi imaginaire.

Mais il faut remarquer que le 1ᵉʳ corps fut aussi, pendant toute la journée du 5, déployé sur la position Neehwiller-Morsbronn, sans savoir aucunement si l'ennemi viendrait l'y attaquer. A la même date, le corps Frossard s'était également installé d'avance à Spicheren et Stiring-Wendel, sans savoir s'il y avait un ennemi en face de lui.

Le général de Failly, prévenu, par des renseignements, que l'ennemi est à une demi-étape au nord de Bitche, n'envoie pas sa

---

1. Journal de marche du lieutenant-colonel Clémeur (*Revue d'Histoire*, septembre 1899, pages 370 et 371).

2. *Revue d'Histoire*, avril 1902, page 936.

cavalerie vérifier cette information et reste immobilisé par une nouvelle inexacte.

Cette inaction de la cavalerie, si étonnante, était dans les habitudes. La cavalerie du 1ᵉʳ corps ne faisait rien ni le matin du 4 août, ni dans toute la journée du 5, ni le matin du 6 ; non seulement elle n'alla pas chercher le contact, mais elle ne conserva pas celui qu'elle avait. La cavalerie du 2ᵉ corps ne fit pas mieux en avant de Spicheren.

L'armée française avait oublié les traditions de la grande guerre. Les responsables des fautes commises sont les chefs qui, depuis quarante ans, avaient la direction de l'armée, plutôt que les ouvriers qui, au jour du danger, ont eu à employer un outil mal forgé.

XI

PROJET DE RETRAITE VERS LE SUD-OUEST

(6 août, 5 heures du matin)

———

« Le 6 août, dès l'aube, le maréchal de Mac-Mahon fit demander le général Ducrot pour s'entretenir avec lui([1]). »

Le général Raoult, dont la division campait près de Frœschwiller, se trouva aussi à cette heure au quartier général du
1er corps ou bien y fut appelé.

C'est à ce moment qu'eut lieu au château de Frœschwiller
l'important entretien relaté par le comte de Leusse. Il devait être
5 heures ou 5h 30 du matin, car les deux récits de M. de Leusse
fixent son départ de Reichshoffen à 4h 30 ou à 5 heures, et la
distance de Reichshoffen à Frœschwiller n'est que de 4 kilomètres.

La *Revue d'Histoire* a publié une partie du journal écrit par
M. de Leusse peu après la guerre([2]). Le reste de ce journal se
trouve dans la *Vie militaire du général Ducrot*([3]). M. de Leusse
nous a fait lui-même un récit détaillé de cette partie de la matinée,
et l'a confirmé dans une lettre([4]) qui est aux archives de la guerre.
En voici le texte :

« Le 6, à 4h 30 du matin, nous montâmes tous les deux([5]) à
cheval pour aller à Frœschwiller.

« En y arrivant, je vis Ducrot, avec lequel j'étais très lié, et le
général Raoult que je connaissais, comme l'ayant vu tous les
jours, comme major de tranchée, à la maison du clôcheton, à

1. Récit du colonel Broye (Lettre du 21 décembre 1903).
2. *Revue d'Histoire*, janvier 1902, page 205.
3. Tome II, page 363.
4. 5 novembre 1903.
5. M. de Leusse et le lieutenant-colonel d'Abzac.

Sébastopol, où j'allais lui demander des auxiliaires pour nos batteries de marine.

« Ils m'empoignèrent tous les deux, me disant : « Douay n'est « pas arrivé en entier ; Failly ne veut pas venir. Il faut battre en « retraite sur Saverne où nous les trouverons.

« Le maréchal vous écoute à cause de votre connaissance du pays ; venez obtenir cela de lui. »

« Je me défendis de me mêler de rien, ayant toujours blâmé le rôle des représentants du peuple aux armées (j'étais député alors) et ne voulant pas le jouer.

« Cependant, je me décidai à les suivre et, quittant l'allée de platanes qui est au nord-ouest du château, où nous nous promenions, j'entrai avec eux chez le maréchal.

« Le maréchal était dans un petit salon, causant avec le général Forgeot qui lui montrait des papiers ; celui-ci se retira aussitôt.

Les deux généraux Ducrot et Raoult lui exposèrent leurs idées en ajoutant : « M. de Leusse vous dira que nous avons trois routes « pour aller à Saverne et toutes les trois bonnes. » Je montrai au maréchal ces routes, l'une par Mertzwiller, l'autre par Griesbach et Pfaffenhoffen, la troisième par Niederbronn, Oberbronn, Offwiller et la plaine ensuite.

« Le maréchal consentit à la retraite et me dit : « Je vais vous « donner un ordre pour le colonel Poissonnier qui mettra à votre « disposition un ou deux pelotons avec des officiers et vous jalon-« nerez les routes aux points de bifurcation pour qu'il n'y ait point « d'erreur. »

« Je pris congé et me disposai à partir avec l'ordre en poche pour le colonel Poissonnier.

« Une heure après, je m'en retournai à Reichshoffen et je passai devant le bivouac de Ducrot au pied de la croix entre Frœschwiller et la forêt. Il causait avec le général Wolf.

« A ce moment, le canon commençait et les premiers projectiles arrivaient sur le plateau.

« Dépêchez-vous, me dit Ducrot, quand le maréchal va sentir « la poudre, il ne voudra plus rétrograder et rien ne l'empêchera « plus d'aller en avant. »

. . . .

« Arrivé à Reichshoffen, je portai l'ordre au colonel Poissonnier

qui était à la grille de mon parc. Il me dit : « Très bien, je vais
« désigner des officiers et un peloton. » Je ne l'ai revu que mort
quatre heures après.

. . . .

« Vers 10 heures, le combat chauffait et le maréchal me fit
dire de faire évacuer les convois qui encombraient Reichshoffen et
les routes.

« A midi, il me fit dire : « Cela va mieux, je viens de réoccuper
« Wœrth. » C'étaient de petits mots au crayon.

« J'ai parlé de tout cela à d'Abzac et à Broye. Ils n'en ont
aucun souvenir et je crois qu'ils n'ont rien su de toute cette histoire de retraite.

« Voilà tout ce que je puis affirmer, sur la foi du serment, si
cela était nécessaire. »

Ce récit de M. de Leusse est très affirmatif ; il ne diffère que
par des détails du journal déjà publié dans la *Vie militaire du
général Ducrot*.

Il nous paraît utile de le faire suivre de quelques commentaires.

On pourrait s'étonner de l'importance que semblent prendre,
dans la circonstance, les indications sur le pays et sur les voies
de communication, lesquelles sont demandées au général Ducrot
et à M. de Leusse. Pour juger de la valeur d'un renseignement
certain, il faut songer qu'en 1870, personne n'avait une bonne
carte, une carte détaillée, dans l'armée française. L'état-major du
1er corps se servait de cartes d'échelles géographiques variables.
Le maréchal de Mac-Mahon en avait une à 1/400 000e, sur laquelle
ses officiers d'ordonnance, pendant les quelques jours passés à
Strasbourg, avaient, tant bien que mal, ajouté quelques routes,
d'après des renseignements.

Le maréchal de Mac-Mahon avait passé deux jours à Paris, en
revenant d'Alger, avant de rejoindre le 1er corps en Alsace. Ses
officiers d'ordonnance avaient fait l'impossible pour se procurer
des cartes plus détaillées et n'avaient pu y parvenir. Il est juste
d'ajouter qu'ils cherchaient surtout des cartes de la rive droite
du Rhin. On était convaincu dans l'armée française que l'on
allait envahir l'Allemagne et l'on se préoccupait plus des chemins de la Forêt-Noire que de ceux des Vosges.

Il est possible de se rendre compte, d'une manière plus détaillée, des routes de retraite qui pouvaient être assignées aux différentes divisions. En effet, M. de Leusse, que nous avons interrogé de nouveau, nous a donné (¹) une variante des chemins à suivre et a indiqué sur une carte les divers itinéraires utilisables. On peut, d'après ces données, reconstituer le projet de marche en retraite vers Saverne de la façon suivante :

La droite française, ou fraction sud de l'armée se retirait, par Eberbach ou par Morsbronn, sur Laubach, Mertzwiller, Uberach, Niedermodern, Pfaffenhoffen, Ettendorf, etc. De Mertzwiller, on pouvait aller, par Neubourg, sur Niedermodern.

Une flanc-garde pouvait, de Morsbronn, passer par Haguenau. Cette route, en réalité, a été libre jusqu'à midi.

La droite pouvait aussi appuyer plus à l'est en suivant l'itinéraire Laubach, Mertzwiller, Neubourg, Huttendorf, Hochfelden.

Le centre français pouvait se retirer d'Elsasshausen ou de Frœschviller, par Reichshoffen, Gundershoffen, Gumbrechtshoffen, Uhrwiller, Obermodern, Bouxwiller. Si la droite passait la Moder à Neubourg, le centre disposait d'un second itinéraire par Griesbach, Pfaffenhoffen, Ettendorf.

La gauche française, ou fraction nord, se repliait de Neehwiller par Jægerthal, sur Niederbronn, Oberbronn, Zinswiller, Rothbach, Ingwiller.

Les divisions françaises pouvaient ainsi se dérober assez rapidement et converger vers Saverne.

Les itinéraires indiqués par le comte de Leusse empruntent tous, en partie, des chemins ruraux ; mais M. de Leusse, qui connaissait très bien le pays, estimait en 1870 et répétait encore en 1905 qu'ils étaient tous utilisables.

Le mouvement des trains était d'ailleurs tout indiqué par la grande route Reichshoffen, Niederbronn, Ingwiller.

Parmi les quatre personnes ayant pris part à l'entretien de 5 heures du matin au château de Frœschwiller, le général Raoult, blessé pendant la bataille, est mort quelques jours après à Reichshoffen.

---

1. Lettre du 8 février 1905.

Le maréchal de Mac-Mahon ne dit pas un mot du projet de retraite dans ses notes de Wiesbaden, ni dans ses Souvenirs ([1]). Il en est de même du journal de marche du 1er corps ([2]).

Mais le général Ducrot en parle fort catégoriquement dans ses notes : « ..... Après de longues hésitations, le maréchal de Mac-Mahon, cédant aux sollicitations des généraux Ducrot et Raoult, appuyées par le comte de Leusse, se décida le 6, vers 6 heures, à donner des ordres de retraite ; le mouvement des convois fut même commencé ([3]). »

Le comte de Leusse apporte des détails d'une très grande précision ; ses affirmations, qui n'ont jamais varié, donnent une assurance absolue à l'histoire et rendent indéniable la démarche faite à Frœschwiller vers 5 heures du matin et la résolution de retraite prise par le maréchal de Mac-Mahon.

D'autre part, il n'y a eu certainement aucun commencement d'exécution, aucun ordre donné pour la réalisation de ce projet. C'est ce qui ressort absolument des témoignages recueillis près des officiers de l'état-major du 1er corps et de l'état-major particulier de Mac-Mahon. Aucun d'eux, en effet, n'a le moindre souvenir d'un seul mot dit par le maréchal au sujet de l'intention de battre en retraite. Tous les officiers survivants sont unanimes dans leur témoignage. Le colonel Broye, qui est « entré chez le maréchal de très bonne heure (il était environ 6 heures) » et qui n'a pour ainsi dire pas quitté son chef de la matinée, n'a pas « entendu parler de retraite ». « Le maréchal, dit-il, ne m'en a pas ouvert la bouche ([4]). »

Il semble que devant ces preuves diverses et qui paraissent contradictoires, la solution qui s'impose à l'esprit pour cette question historique est la suivante :

Le maréchal de Mac-Mahon, n'ayant pas de nouvelles du 5e corps, cède aux sollicitations des généraux Ducrot et Raoult

---

1. *Revue d'Histoire*, janvier 1902, pages 194 et 196.
2. *Revue d'Histoire*, janvier 1902, page 192.
3. *Vie militaire du général Ducrot*, tome II, page 360.
4. Lettre du 21 décembre 1903.

et se rallie à la pensée de la retraite vers Saverne. Les deux généraux et M. de Leusse se retirent. Au moment où le maréchal va prévenir son chef d'état-major de sa résolution, celui-ci arrive, lui apportant les nouvelles dont nous allons parler : ces renseignements présentent la situation sous un nouveau jour et amènent immédiatement le maréchal à former un nouveau projet.

L'idée de retraite n'a été arrêtée que pendant quelques instants dans l'esprit du maréchal de Mac-Mahon. Elle n'a eu aucun commencement d'exécution et n'a même été communiquée à aucun de ses sous-ordres.

Le projet de retraite n'a pas dépassé les limites d'une conversation.

XII

RECONNAISSANCES DES PREMIÈRES HEURES

DU 6 AOUT — FAUX RENSEIGNEMENTS

Des renseignements arrivaient de différents côtés à Frœsch-willer : rapports des avant-postes, rapports des reconnaissances, nouvelles apportées par des habitants.

Au lieu d'être dissemblables et contradictoires, comme il arrive en général dans des cas analogues, ils s'accordaient tous.

Rien n'avait été vu sur le front du 1er corps, c'est-à-dire vers l'est, du côté de Soultz.

Des mouvements étaient, au contraire, signalés sur la gauche du 1er corps, c'est-à-dire vers le nord, du côté de Lembach.

Le général L'Hériller, commandant une brigade de la division du centre, venait rendre compte : « Il n'y a personne devant nous ([1]). »

« De tous côtés arrivaient des avis annonçant que, pendant toute la nuit, on avait entendu des trains de voitures et des colonnes nombreuses traversant Lembach dans la direction de Bitche. Ces bruits prenaient une telle consistance, qu'il fallait les admettre ([1]). »

« Quand je suis entré chez le maréchal, écrit le colonel Broye, sur les 6 heures du matin ou quelques minutes après tout au plus, il n'y était question que des rapports reçus de divers côtés, annonçant qu'on avait entendu, pendant toute la nuit, de grands bruits de troupes et de voitures sur notre gauche : rapports des avant-postes, de la cavalerie, des habitants ([2]). »

Ces témoignages permettent, il nous semble, de reconstituer cette phase de la matinée.

1. Récit du capitaine de Vaulgrenant. Archives de la guerre.
2. Récit du colonel Broye (Lettre du 21 décembre 1903).

Après le départ du général Ducrot, le maréchal de Mac-Mahon fait entrer près de lui le général Colson, son chef d'état-major. Il a, sans doute, l'intention de lui dire son projet de retraite et de lui donner des ordres à ce sujet.

Mais le chef d'état-major, entre 5 heures et demie et 6 heures, pendant l'entretien du maréchal avec les généraux Ducrot et Raoult et le comte de Leusse, a reçu de divers côtés des renseignements sur l'ennemi. Le général Colson communique de suite ces nouvelles au maréchal. Elles sont graves. L'ennemi ne vient pas attaquer le 1er corps sur la Sauer ; il cherche à se dérober, à nous couper de Metz et à opérer sa jonction avec l'armée allemande vers Sarreguemines [1].

Cette nouvelle situation appelait une nouvelle décision et amenait forcément un changement de projets. N'étant pas attaqué, le 1er corps n'avait plus de motifs de battre en retraite sur Saverne.

Comment et par qui ont été faits les rapports donnant des nouvelles aussi erronées ? Quelle fraction de cavalerie avait été chargée de faire des reconnaissances ? Nous n'avons pas pu trouver la réponse à ces questions. Elle sera donnée quelque jour. Il y a encore des survivants qui peuvent conter leurs souvenirs ; on peut espérer qu'ils les feront connaître.

Nous osons à peine signaler l'anecdote suivante qui nous a été rapportée [2], mais dont l'authenticité semble douteuse. Une reconnaissance de cavalerie, envoyée de Frœschwiller dans la direction de Soultz, se serait trompée de chemin dans Wœrth et aurait pris à droite le chemin du sud. Elle aurait ainsi descendu la vallée de la Sauer jusqu'aux environs de la forêt de Haguenau, et serait revenue par le même chemin. A son retour, elle aurait

---

1. Les renseignements reçus à Frœschwiller à 6 heures du matin étaient absolument inexacts. On sait qu'aucun mouvement important de l'armée allemande ne s'était fait sur la route de Lembach à Bitche. Le IIe corps bavarois ne dépassa pas Lembach, sauf par ses avant-postes (*Revue d'Histoire*, novembre 1901, page 1115). Les autres corps d'armée du prince royal étaient venus dans la journée du 5 dans la région de Soultz-sous-Forêts. Des têtes de colonne étaient à Dieffenbach, Gœrsdorf, à quelques kilomètres seulement des avant-postes français.

2. Par M. de Leusse.

rendu compte qu'il n'y avait pas un seul ennemi à 8 ou 10 kilomètres de Frœschwiller (¹).

Cette fausse direction, ou quelque erreur analogue, serait une explication des renseignements affirmatifs : « Il n'y a personne devant nous. »

On doit se souvenir que les officiers français n'avaient aucune carte. Cependant, nous n'accordons pas une grande foi à cette anecdote. Il nous a été impossible de la vérifier, ni de savoir à quel régiment, ou même à quelle division, aurait appartenu la reconnaissance si malheureusement faite.

Il est certain que, d'une façon générale, le service de reconnaissance se faisait fort mal ou, plutôt, ne se faisait pas du tout dans l'armée française de 1870.

Si nous avons peu de données sur les reconnaissances faites le matin du 6, nous savons comment fut exécutée la reconnaissance de la matinée du 4. Le 11ᵉ chasseurs, quittant le Geisberg et marchant en colonne par quatre sur la route, longea la Lauter, parallèlement au front de la division française, sans envoyer une patrouille vers le nord. Il rentra à son camp, en rendant compte qu'il n'y avait pas d'ennemi, quelques instants seulement avant le moment où les premiers coups de canon des Bavarois vinrent lui donner un terrible démenti.

Ce qui est arrivé le 4 permet de supposer ce qui a pu se passer le 6. L'ignorance absolue de son rôle, en fait de reconnaissances, rendait la cavalerie française une aide bien médiocre pour le commandement. Celui-ci, de son côté, n'avait peut-être pas une notion très juste du parti qu'il pouvait tirer de sa cavalerie. Ce ne sont pas les individualités qui sont responsables des fautes commises ; la responsabilité doit remonter à ceux qui avaient laissé l'armée française abandonner les véritables traditions de la guerre.

Les reconnaissances mal faites apportent des renseignements erronés à l'état-major de l'armée d'Alsace. C'est tels qu'ils ont été reçus que nous devons les considérer pour comprendre la

---

1. Il faut noter que la marche de cette reconnaissance est difficile à admettre, car il y avait une compagnie prussienne au Brückmühl, qui est à 600 ou 700 mètres de la route de Wœrth à Durrenbach.

situation où était le maréchal de Mac-Mahon et nous rendre compte des résolutions qui allaient en découler.

Les forces allemandes, victorieuses le 4 à Wissembourg et évaluées de 60 000 à 80 000 hommes, n'avaient pas pris la direction du sud. Elles se dirigeaient vers l'ouest par Lembach. Elles avaient atteint ce point dans la nuit du 5 au 6 et allaient probablement marcher vers Bitche dans la journée du 6. Il n'était pas du tout invraisemblable de leur prêter le projet de vouloir ainsi se réunir à la principale armée allemande dans la vallée de la Sarre.

Du 5e corps on n'avait aucune nouvelle. Ce point est important à affirmer, puisque jusqu'ici la plupart des historiens ont admis que le maréchal de Mac-Mahon avait déjà reçu une réponse du général de Failly. Comme nous l'avons déjà dit, le premier télégramme du 5e corps, répondant à l'ordre formel du maréchal envoyé le 5 à 8 heures du soir, ne fut reçu qu'entre 9 et 10 heures du matin sur le champ de bataille de Frœschwiller.

Ce silence du général de Failly était inquiétant. Le 5e corps était-il en route, au moins partiellement, de Bitche vers Reichshoffen? Avait-il encore des fractions à Bitche ou en train de s'y réunir?

XIII

PROJET D'OFFENSIVE VERS LE NORD — LETTRE MOLL

(6 août, 6ʰ 30 du matin)

———

La situation se présentait donc, tout d'un coup, à 6 heures du matin, sous un jour absolument nouveau.

Premièrement, l'ennemi ne venait pas attaquer sur la Sauer; il n'y avait donc pas lieu de battre en retraite pour refuser la bataille et pour se concentrer plus en arrière.

Secondement, l'ennemi s'aventurait dans un long défilé des Vosges, prêtant le flanc à l'armée française. Il se rapprochait de l'intervalle qui séparait le 1ᵉʳ corps du 5ᵉ. La réunion de ces deux corps paraissait dès lors possible à effectuer par une marche concentrique vers l'ennemi.

De là naissait l'idée d'une manœuvre. Une division du 5ᵉ corps contiendrait l'ennemi de front, sur la route de Bitche à Lembach, vers Sturzelbronn. Une division du 5ᵉ corps venant de Philippsbourg et deux divisions du 1ᵉʳ corps venant de Frœschwiller l'attaqueraient sur son flanc gauche et ses derrières dans la région d'Obersteinbach.

Le reste des forces du 1ᵉʳ corps restait disponible du côté de Frœschwiller, sans doute parce que le maréchal de Mac-Mahon jugeait inutile d'employer des troupes plus nombreuses dans une région aussi boisée et aussi accidentée. Ces forces couvraient, à toute éventualité, les routes de Philippsbourg, Lemberg et La Petite-Pierre. Elles permettaient, le cas échéant, une manœuvre offensive vers Lembach ou Soultz.

D'autre part, les renseignements reçus ne donnaient pas l'assurance de la marche des Allemands vers l'ouest. Ils n'étaient affirmatifs que sur deux points : absence d'ennemi à l'est ; passage de troupes nombreuses à Lembach dans la nuit du 5 au 6.

On était ainsi ramené à prévoir le cas où l'armée allemande, victorieuse à Wissembourg, n'aurait fait qu'avec une fraction de ses forces, une petite étape par Le Pigeonnier vers Lembach, conservant une autre partie de ses troupes dans la plaine du Rhin, vers Wissembourg. Dans cette hypothèse, le maréchal de Mac-Mahon reprenait son projet du 5 au soir, consistant à attirer le 5ᵉ corps à lui et à prendre l'offensive le 7 août avec des forces importantes.

L'envoi immédiat d'une division du 5ᵉ corps à Philippsbourg convenait aux deux cas envisagés et avait, de plus, l'avantage d'assurer la liaison entre les deux corps d'armée.

Tels sont les motifs qui vraisemblablement ont influencé le maréchal de Mac-Mahon. Voici ce qu'a écrit à ce sujet le colonel Broye : « Les rumeurs avaient pris une telle consistance, qu'on s'imagina que l'ennemi cherchait à se dérober, à nous couper de Metz et à opérer sa jonction avec l'armée allemande qui opérait de son côté. De là la mission confiée au commandant du génie Moll et autres émissaires qui informèrent le général de Failly de ce qu'il avait à faire et de ce que le 1ᵉʳ corps se proposait de faire de son côté... Entre 6 et 7 heures du matin, on ne s'est occupé que des prétendus mouvements de l'ennemi et des ordres à donner en conséquence (¹). »

C'est donc vers 7 heures du matin que fut rédigée très rapidement la dépêche confiée au commandant du génie Moll. La *Revue d'Histoire* en a déjà donné le texte .

Camp de Frœschwiller, 6 août, 5ʰ 30 du matin.

MON CHER GÉNÉRAL,

Vous avez été mis sous mes ordres par l'Empereur. Il est de la plus grande importance que nous concertions ensemble nos opérations.

Attaqué, avant-hier, près de Wissembourg, par l'armée du prince royal, qui m'était très supérieure, j'ai été obligé de me retirer jusque près de Reichshoffen. Il est urgent que nous combinions nos opérations.

D'après des renseignements dans lesquels on doit avoir confiance, l'ennemi ferait un mouvement pour se porter sur les crêtes des Vosges

---

1. Lettre du 21 décembre 1903.

et nous séparer. Si ce mouvement se confirme, nous devons les attaquer dans les défilés. Si, au contraire, ils occupent les positions de Wissembourg à Lembach, ayant le gros de leurs forces dans la plaine, nous combattrons ensemble pour leur enlever leurs positions. Mettez donc en route une de vos divisions. Il serait à désirer qu'elle pût coucher, ce soir, à Philippsbourg, occupant sur sa gauche les positions qui commandent la route de Neunhoffen. Si la première hypothèse se réalise, cette division se porterait d'abord sur Neunhoffen et, de là, sur Obersteinbach qui serait attaqué, le même jour, par quatre brigades arrivant, par des routes différentes, du camp de Reichshoffen.

Prévenu de l'exécution de ce mouvement, vous enverriez une autre division par la grande route de Bitche à Wissembourg sur Sturzelbronn, poussant en avant l'ennemi qui se trouverait ainsi pris en flagrant délit et enveloppé de toutes parts.

Une brigade de la dernière division se porterait à Lemberg qui est la clef des Vosges de ce côté ; elle aurait avec elle une batterie d'artillerie. L'autre brigade resterait à Bitche, prête à se porter soit sur Sturzelbronn, soit sur Philippsbourg, suivant les événements. Il serait prudent que la brigade de Lemberg se retranchât. Il y a des outils à Lichtenberg et à La Petite-Pierre, 1 500 dans chaque place, qui permettraient de faire ce travail.

Si, au contraire, l'armée du prince royal est concentrée dans les environs de Lembach, et dans la plaine du Rhin, la division qui viendra la première ne sera pas arrêtée à Philippsbourg. Vous feriez marcher par la même route la deuxième division et une brigade de la troisième ; la dernière brigade serait dirigée sur Lemberg, d'où elle pourrait gagner La Petite-Pierre si elle était obligée de battre en retraite.

Répondez-moi par trois voies différentes, je vous adresse la présente par trois voies différentes.

P.-S. — En résumé, envoyez le plus tôt possible votre première division à Philippsbourg et tenez les deux autres prêtes à marcher.

Maintenez, s'il est possible, vos communications avec Philippsbourg (1).

« Cet ordre fut rédigé en trois expéditions qui devaient être portées chacune par une personne sûre. L'une d'elles devait être confiée au commandant Moll, chef du génie à Haguenau, qui connaissait en détail les chemins et les moindres sentiers du pays.

Il fit observer que, déguisé en paysan, il était sûr d'arriver au général de Failly, que deux autres émissaires étaient inutiles et

---

1. *Revue d'Histoire,* janvier 1902, page 127.

seraient exposés à être pris avec leur dépêche. Il fut fait comme il le désirait ([1]). »

Le moment de l'expédition de la dépêche confiée au commandant Moll est controversée. L'original ne porte pas d'heure d'envoi. La *Revue d'Histoire* ([2]) l'a daté de 5ʰ 3o du matin, d'après le journal de marche du 5ᵉ corps, dans lequel on lit : « ... La dépêche télégraphique, qu'il venait de recevoir de lui (du maréchal de Mac-Mahon) à 5ʰ 3o du matin, ne devait pas lui faire supposer... Cette croyance fut encore confirmée dans la journée par la lettre suivante du maréchal écrite à la même heure, mais qui, apportée par le commandant du génie Moll, n'arriva à Bitche que vers 3 heures de l'après-midi ([3]). »

Ces mots « à la même heure » ne sont pas une preuve suffisante pour dater une lettre. Évidemment cela veut dire *vers* la même heure, dans les premières heures de la matinée.

Plus loin, le même journal de marche du 5ᵉ corps s'exprime ainsi : « Vers 3 heures, le général reçoit la lettre apportée par le commandant du génie Moll, écrite à 5ʰ3o par le maréchal de Mac-Mahon. » Il paraît presque certain qu'il s'est glissé une erreur dans le journal de marche du colonel Clémeur.

Dans le journal du capitaine de Lanouvelle, de l'état-major du 5ᵉ corps, on lit : « Cette lettre fut *sans doute* écrite à la même heure que le télégramme chiffré reproduit plus haut » [télégramme de Reichshoffen 5ʰ14 ! ([4])].

D'après les témoignages de l'état-major du 1ᵉʳ corps, la discussion au sujet de la marche vers le nord n'a commencé qu'après 6 heures du matin. La dépêche n'a pu être rédigée avant 6ʰ3o au plus tôt, et plus problablement vers 7 heures.

« Entre 6 et 7 heures du matin, on ne s'est occupé que des prétendus mouvements de l'ennemi et des ordres à donner en conséquence. On achevait à peine la rédaction de ces ordres qu'un officier vint prévenir que la fusillade s'engageait sur notre gauche ([5]). »

---

1. Récit du capitaine de Vaulgrenant. Archives de la guerre.
2. *Revue d'Histoire*, janvier 1902, page 127, et septembre 1899, page 371.
3. *Revue d'Histoire*, septembre 1899, page 371.
4. *Revue d'Histoire* avril 1902, page 937.
5. Récit du colonel Broye (Lettre du 21 décembre 1903).

✻

« Il (le commandant Moll) venait de partir. Il était environ 7ʰ30 lorsqu'un officier vint dire que la fusillade (¹)... »

On était si convaincu de la marche de l'armée allemande vers Bitche, que l'on pensait que les coureurs de sa cavalerie pouvaient déjà atteindre la route directe de Niederbronn à Bitche. C'est pour ce motif qu'on jugeait que cet itinéraire n'était pas assez sûr pour le commandant Moll. Celui-ci prenait une route à 15 kilomètres plus au sud, par Ingwiller, Wimmenau, Lemberg (²). Il avait ainsi à parcourir 50 kilomètres. Il prit sept heures pour franchir cette distance et n'arriva à Bitche qu'à 2 heures ou 3 heures du soir (³). Ce retard inexplicable a eu certainement quelque cause qui ne nous est pas connue.

Aucun duplicata de cette lettre n'était envoyé au 5ᵉ corps. On n'essaya même pas son expédition par le télégraphe de Reichshoffen, ce qui pouvait au moins se tenter, en chiffrant la dépêche. Ce télégraphe fonctionnait alors entre Reichshoffen et Bitche.

D'ailleurs, l'arrivée plus rapide à Bitche de la dépêche portée par le commandant Moll n'aurait rien changé aux événements. La division Guyot de Lespart était partie à 7ʰ30 de Bitche pour Niederbronn où elle n'arrivait qu'à 4 heures du soir (⁴), mettant huit heures pour faire 21 kilomètres. La dépêche Moll, écrite dans l'hypothèse de la présence de l'ennemi sur la route de Lembach à Sturzelbronn, loin d'accélérer la marche du général Guyot de Lespart, aurait sans doute amplifié les craintes qu'avait ce général pour sa sécurité et fait augmenter les mesures de précaution.

Le seul ordre impératif contenu dans la dépêche Moll était celui d'envoyer une division à Philippsbourg et de tenir les autres prêtes à marcher. Il était tout différent des ordres de concentration très nets envoyés le 5 à 8 heures du soir et le 6 à 5ʰ 14 du matin. Nous en savons les raisons.

La dépêche confiée au commandant Moll ne pouvait influer en

---

1. Récit du capitaine de Vaulgrenant. Archives de la guerre.
2. Journal de Leusse (*Revue d'Histoire*, janvier 1902, page 207).
3. Journal de Lanouvelle (*Revue d'Histoire*, avril 1902, page 937).
4. *Revue d'Histoire*, avril 1902, page 942.

rien sur les résultats des événements du 6 tels qu'ils se sont déroulés en réalité. Nous avons étudié en détail la genèse de cette lettre pour suivre les péripéties par lesquelles est passé le commandant de l'armée d'Alsace le 6, entre 6 heures et 7ʰ30 du matin. La dépêche rédigée vers 7 heures du matin répondait à une situation précise, déterminée par des renseignements fermes, d'ailleurs absolument erronés. Ce point méritait d'être établi. Il fait comprendre la facture de cette lettre. Vouloir l'expliquer et la commenter sans connaître les causes qui l'ont fait écrire ne peut pas donner de bons résultats.

La missive confiée au commandant Moll n'a, pour ainsi dire, aucun rapport avec l'ordre envoyé au 5ᵉ corps deux heures plus tôt, ni avec les projets de retraite de 6 heures du matin, ni avec la bataille de la journée. Les résolutions prises à Frœschwiller entre 6 heures et 7ʰ30 du matin sont complètement isolées et distinctes des événements qui ont précédé et de ceux qui ont suivi.

XIV

LA BATAILLE S'ENGAGE

(9 heures du matin)

———

L'étude tactique de la bataille du 6 août sort du cadre que nous nous sommes tracé. Mais il est utile d'assister à son début et de voir la suite des résolutions stratégiques de la journée du 5 et de la matinée du 6.

Le commandant Moll venait à peine de partir. Il était 7 heures ou 7^h 3o, plutôt 7^h 3o, quand « un officier vint avertir que la fusillade s'engageait sur notre gauche : la direction même du feu s'accordait avec l'idée qu'on s'était faite des mouvements de l'ennemi. Le maréchal monta à cheval sur-le-champ ([1]) ... »

Vers 8 heures, le canon se faisait entendre du côté de Wœrth et presque en même temps vers notre droite en face de Gunstett, puis, peu après, sur notre gauche du côté de Langensoultzbach. La canonnade était peu violente... La batterie allemande, établie en face de Wœrth, disparaissait avant 8^h 3o.

Tout semblait donc confirmer l'opinion que l'on s'était faite dans la matinée sur les intentions de l'ennemi. Le gros de l'armée allemande se dirigeait, par Lembach, vers Bitche, pendant que de simples démonstrations allaient se faire sur la Sauer pour attirer l'attention des Français.

Les petits combats engagés aux avant-postes n'étaient donc pas faits pour troubler le commandement français dans ses vues d'ensemble de la situation. Il n'y avait point de motif de reprendre les idées de retraite. On pouvait, au contraire, songer toujours au projet d'offensive sur Obersteinbach. Y pensait-on ? Préparait-on la mise en marche de quatre brigades vers le nord par des

---

1. Récit du colonel Broye. Lettre du 14 juillet 1904.

chemins différents ? Il semble que l'on n'eut pas le temps de le faire. En tout cas, le déploiement de la plus grande partie de l'armée sur le front de la position défensive, fait d'avance, rendait difficile, mais non impossible, la manœuvre qui eût fait laisser un rideau sur la Sauer pour se porter vers le nord avec le reste des forces.

D'ailleurs, l'offensive de l'ennemi donnait bientôt un nouveau cours aux idées. Le bandeau qui couvrait les yeux de l'état-major français se déchirait brusquement. De puissantes lignes d'artillerie allemande, venant se mettre en batterie sur les coteaux de la rive est de la Sauer, allaient apporter au maréchal de Mac-Mahon le renseignement que sa cavalerie, mal dirigée, ou mal employée, n'avait pas su lui donner.

L'armée allemande n'était point dans les défilés des Vosges, en marche vers Bitche. Elle était dans la plaine du Rhin en face des Français. Elle attaquait vigoureusement. Il fallait songer à se défendre.

On était toujours sans nouvelles du 5e corps. De la lettre confiée au commandant Moll, il ne pouvait être question, ni même du télégramme envoyé le matin à 5 heures. Mais comment n'avait-on pas de réponse à l'ordre l envoyé le 5, à 7 heures du soir : « Vous êtes à ma disposition... Arrivez le plus tôt possible... » ?

Si le silence du général de Failly était inquiétant, on avait cependant l'espoir ferme de la voir arriver dans la journée.

Dans ces conditions, le commandant de l'armée d'Alsace devait-il accepter la bataille, ou devait-il la refuser, en admettant que ce fût possible ?

Il n'est pas téméraire de dire que le tempérament du maréchal de Mac-Mahon le portait à combattre plutôt qu'à se retirer. « Quand il va sentir la poudre, disait de lui le général Ducrot au comte de Leusse, il ne voudra plus rétrograder, rien ne l'empêchera plus d'aller en avant. »

Un maréchal de France qui, sans parler de tous ses autres champs de bataille, avait dans son passé, comme offensive heureuse, des journées comme celles du col de la Mouzaïa, d'Icheriden, de Malakof et de Magenta, ne devait pas être porté à refuser le fer que lui tendait l'adversaire.

Si, au point de vue dogmatique, on peut trouver que la solution habile était dans une retraite savante, on doit estimer qu'au point de vue moral, au point de vue humain, il était naturel d'accepter la lutte.

Le 1er corps était composé de troupes excellentes. La moitié des soldats avaient déjà fait la guerre. En Italie, en Algérie, au Mexique ils avaient partout été victorieux. L'idée de reculer sans combattre, de ne pas attendre le choc des Allemands, ne vint sans doute à personne dans le 1er corps.

L'armée française avait confiance dans ses chefs. Elle possédait, dans le chassepot, un excellent fusil dont elle savait la valeur. Elle ignorait la supériorité de l'artillerie allemande et avait foi dans le canon rayé français, auquel on attribuait une partie des succès de 1859.

La mitrailleuse, d'invention toute récente, expérimentée sur quelques champs de tir, passait pour une arme merveilleuse. On attendait d'elle des effets foudroyants [1].

Toutes ces conditions, matérielles et morales, donnaient aux vaillants troupiers d'Afrique, réunis en Alsace, une pleine confiance en eux-mêmes. Elles étaient bien faites pour pousser le chef, comme les soldats, à désirer la bataille, à ne pas la refuser dans tous les cas, même avec une certaine infériorité numérique.

On ne doit pas blâmer le maréchal de Mac-Mahon d'avoir accepté la bataille à 9 heures du matin. Il avait le droit d'espérer une victoire.

L'histoire abonde en exemples qui montrent que la ténacité, les énergiques résolutions, sont les meilleures qualités d'un général en chef et que souvent la victoire n'est pas aux plus gros bataillons, mais aux plus grands caractères.

Entre 9 heures et 10 heures du matin arriva la première réponse du général de Failly à l'ordre impératif I envoyé la veille à 7 heures du soir. C'était le télégramme J, parti de Bitche à 3 heures du matin, qui avait ainsi pris plus de six heures pour

---

1. Le 7 août, au matin, le général de Failly rencontra le général Ducrot à La Petite-Pierre. Le capitaine Bossan, officier d'ordonnance de Ducrot, fit un court récit de la bataille. « Et les mitrailleuses ? interrogea un officier du 5e corps. — Ah ! les mitrailleuses ! jouets d'enfants devant l'artillerie prussienne. Quel feu ! c'était effrayant, foudroyant. » (Récit du capitaine de Piépape, lettre du 26 mars 1905.)

arriver à 3o kilomètres. Il fut déchiffré sur le champ de bataille. Le général de Failly disait : « La division Guyot de Lespart est seule à Bitche... Il est possible qu'elle soit obligée de s'arrêter à Niederbronn. » Le maréchal de Mac-Mahon fit répondre immédiatement que cette division devait pousser jusqu'à Reichshoffen. Cette dépêche fut envoyée par un cavalier au télégraphe de Reichshoffen (¹).

La situation devenait beaucoup plus grave à partir de ce moment. On ignorait à quelle heure la division Lespart avait quitté Bitche ; mais elle avait 3o kilomètres à faire avant de déboucher à Frœschwiller. On ne pouvait pas l'attendre avant les premières heures de l'après-midi. Jusqu'à son arrivée le maréchal de Mac-Mahon ne pouvait compter que sur ses propres forces, environ 4o ooo hommes.

C'est à cette heure que les partisans de la retraite peuvent plutôt placer le moment psychologique où le commandant de l'armée d'Alsace aurait dû ordonner le mouvement rétrograde. Encore ici, nous croyons que l'idée de combattre quand même était encore très admissible.

Le maréchal pensait peut-être qu'au reçu du télégramme K parti à 5 heures du matin : « Faites-moi connaître... », le général de Failly aurait modifié ses ordres et se serait porté avec toutes ses troupes sur Reichshoffen. Toujours est-il, dit le colonel Broye, que « le maréchal a toujours compté que tout ou partie du 5ᵉ corps le rejoindrait dans la journée ».

Dans ces conditions, sa résistance acharnée n'était-elle pas justifiée ? La victoire à Marengo n'est-elle pas due à la ténacité du premier Consul à San-Giuliano, en attendant l'arrivée de Desaix ? La victoire de Waterloo n'est-elle pas la récompense de Wellington s'obstinant à Mont-Saint-Jean pour laisser le temps d'arriver à Blücher ?

Sans chercher si loin dans l'histoire, le duc de Magenta ne se souvenait-il pas que l'arrivée du 2ᵉ corps, débouchant de Tur-

---

1. D'après le récit du colonel Broye et du capitaine de Vaulgrenant.
Les officiers de l'état-major du 1ᵉʳ corps n'ont souvenir que de l'arrivée d'un seul télégramme. Il semble que c'est le télégramme I parti de Bitche le 6 à 3 heures du matin. Il ne serait pas impossible cependant que ce fût le télégramme G parti de Bitche le 5 à 6 heures du soir.

bigo, avait déterminé la retraite des Autrichiens sur les bords du
Naviglio-Grande ?

A midi, arriva sur le champ de bataille un télégramme de Paris.
Il fut déchiffré, sous les balles, par un officier d'ordonnance du
maréchal. Il disait : « Vous avez devant vous toute l'armée du
prince royal ([1]). »

C'était une confirmation des renseignements recueillis, au col
du Pigeonnier, le 4 août, sur les forces qui envahissaient l'Alsace.
C'en était une confirmation très aggravante. Il y avait donc, en
face des 40 000 hommes de Mac-Mahon, plus que les 60 000
ou 80 000 Allemands aperçus au sud de Wissembourg. Il devait
y en avoir 100 000 ou 120 000. Le succès n'était plus possible.....

---

1. Récit du capitaine de Vaulgrenant.

CONCLUSION

Nous venons de nous mêler le plus possible à la vie des états-majors des 1er et 5e corps d'armée pendant les deux jours qui ont précédé la bataille de Frœschwiller.

Cette étude, entreprise avec une entière impartialité, nous montre que les habitudes militaires de l'époque étaient mauvaises. C'est à elles que l'on doit s'en prendre et non pas aux généraux dont le nom est resté attaché à la défaite du 6 août. Si l'instrument est médiocre, l'ouvrier n'en est pas responsable.

Le maréchal de Mac-Mahon prend des résolutions stratégiques auxquelles il y a peu à redire.

Le général de Failly a des excuses à son inaction.

Mais les méthodes de guerre sont néfastes.

La cavalerie ne fait pas de reconnaissances ou les fait d'une façon déplorable. Aussi le commandement est-il aveugle et livré au hasard dans ses hypothèses sur les mouvements de l'ennemi.

La sécurité n'existe pas. Les avant-postes sont à quelques centaines de mètres des troupes. Le 1er corps d'armée s'étale pendant vingt-quatre heures sur les coteaux de la rive droite de la Sauer sans aucun organe de sûreté, et les reconnaissances allemandes peuvent, sans la moindre peine, compter nos bataillons.

Le commandement a dans l'emploi du télégraphe une confiance absolue et peu justifiée. De Frœschwiller il faut quatorze heures pour avoir une réponse de Bitche, qui n'est distant que de 30 kilomètres. Napoléon Ier, qui savait employer ses aides de camp, aurait eu en cinq heures une réponse de ses lieutenants situés à la même distance.

Mais les erreurs les plus graves sont faites par le grand quartier général à Metz. C'est la source de tout le mal.

La dispersion des corps d'armée les voue à la défaite.

Le 5e corps est mis sous les ordres du maréchal de Mac-Mahon, mais celui-ci n'est pas informé de la situation du 5ᵉ corps. Le général de Failly ne sait pas non plus où est le commandant du 1ᵉʳ corps.

Ce changement dans le groupement des forces est fait si tardivement, que la réunion des troupes confiées à Mac-Mahon ne peut se faire que sous le canon de l'ennemi.

La directive stratégique donnée au maréchal de Mac-Mahon ne pouvait amener aucun bon résultat. Défendre la frontière même, la défendre sur un front de 200 kilomètres, avec deux et même avec trois corps d'armée, était une conception tellement étonnante qu'il est inutile de la discuter aujourd'hui.

Les fautes de détail se réparent. Les erreurs des subordonnés peuvent souvent être compensées par d'autres erreurs commises par l'adversaire.

Seules, les fautes du commandement supérieur sont irréparables.

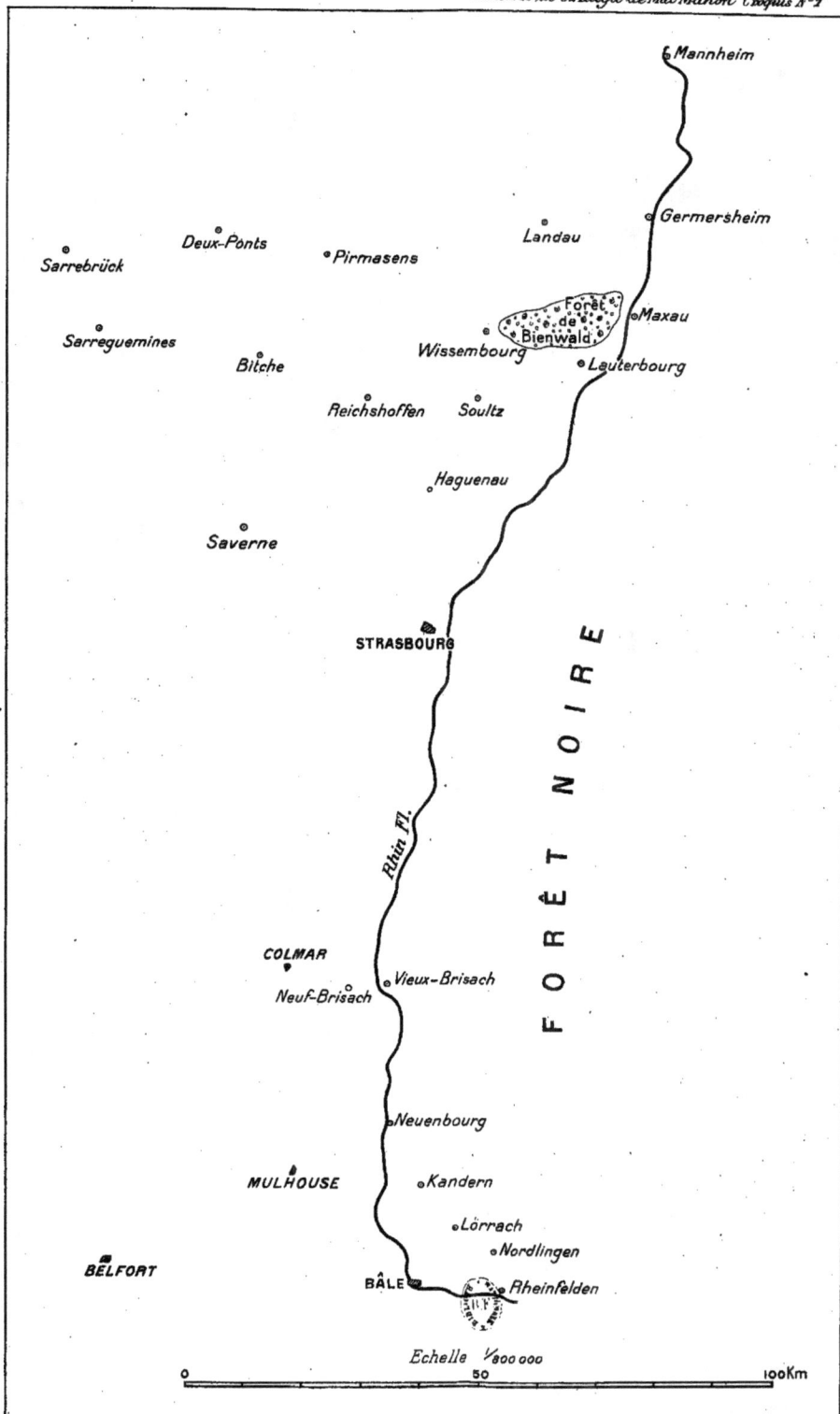

Mannheim

Germersheim

Deux-Ponts

Sarrebrück

Landau

Pirmasens

Forêt de Bienwald

Maxau

Sarreguemines

Bitche

Wissembourg

Lauterbourg

Reichshoffen

Soultz

Haguenau

Saverne

STRASBOURG

FORÊT NOIRE

Rhin Fl.

COLMAR

Neuf-Brisach

Vieux-Brisach

Neuenbourg

MULHOUSE

Kandern

Lörrach

Nordlingen

BELFORT

BÂLE

Rheinfelden

Echelle 1/800 000

0   50   100 Km

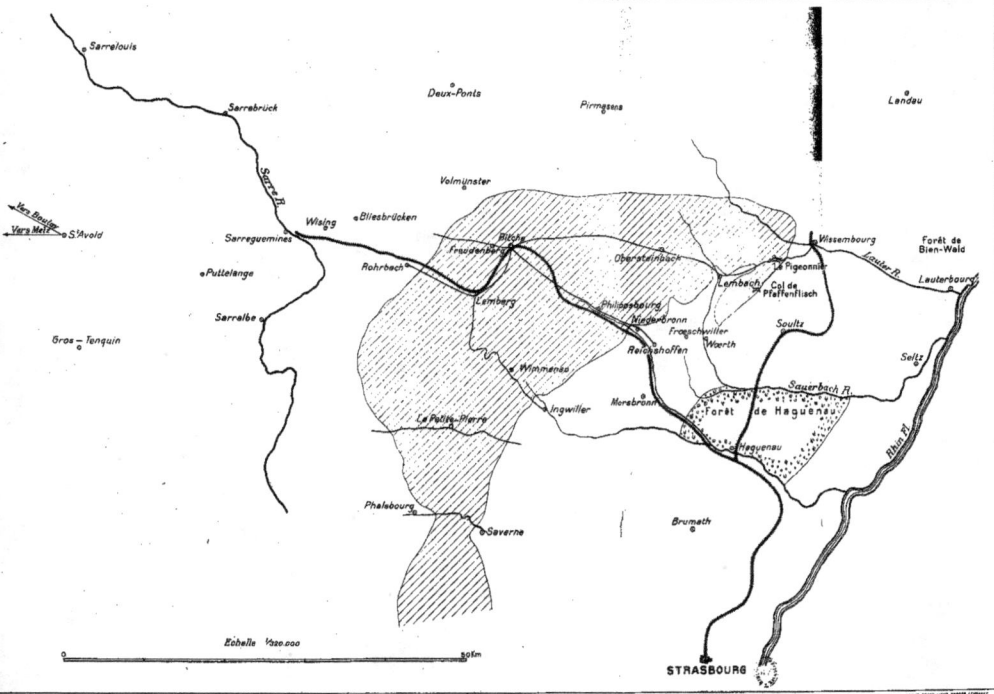

Sarrelouis

Sarrebrück

Deux-Ponts

Pirmasens

Landau

Sarre R.

Vers Boulay
Vers Metz
S'Avold

Wising

Bliesbrücken

Volmünster

Forêt de Bien-Wald

Sarreguemines

Wissembourg

Puttelange

Rohrbach

Bitche

Freudenberg

Oberstcinbach

La Pigeonnier

Lauter R.

Lauterbourg

Sarralbe

Lemberg

Philippsbourg

Lembach
Col de Pfaffenfliach

Niederbronn
Froeschwiller

Soultz

Gros - Tenquin

Winnenga

Reichshoffen

Woerth

Seltz

Ingwiller

Morsbronn

Sauerbach R.

La Petite-Pierre

Forêt   de   Haguenau

Rhin Fl.

Phalsbourg

Saverne

Haguenau

Brumath

Échelle 1/520.000

50 Km

STRASBOURG

Sur

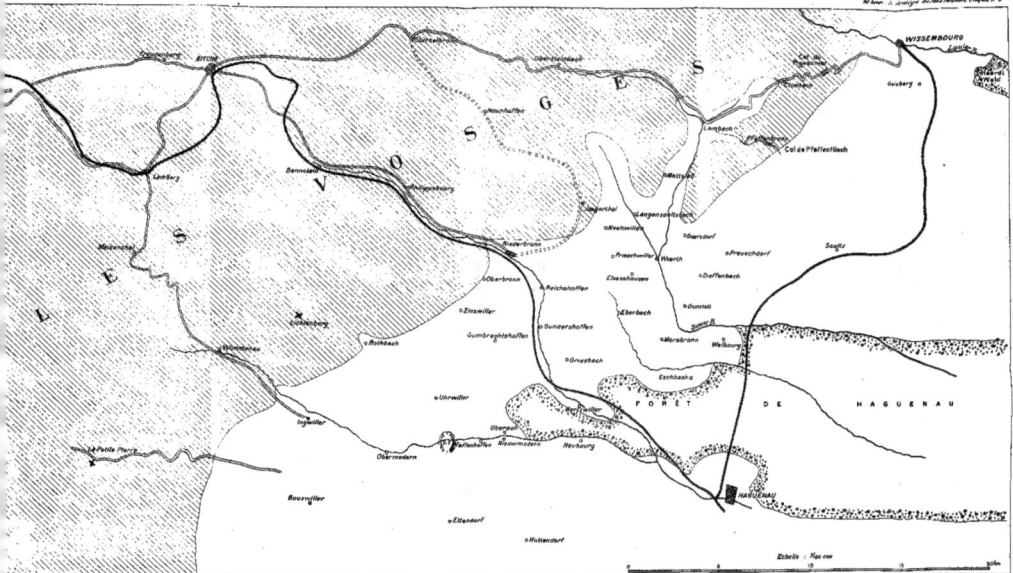

LES VOSGES

WISSEMBOURG

FORÊT DE HAGUENAU

HAGUENAU

Echelle : Flan voie

TABLE DES MATIÈRES

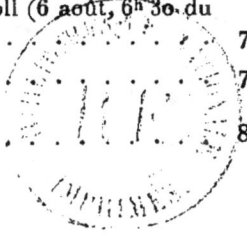

Nancy, imprimerie Berger-Levrault

LIBRAIRIE MILITAIRE BERGER-LEVRAULT

PARIS, 5–7, RUE DES BEAUX-ARTS — RUE DES GLACIS, 18, NANCY

La Guerre franco-allemande de 1870-1871, décrite d'après l'ouvrage du grand État-major et avec son autorisation, par le major SCHEIBERT. Traduit sur la deuxième édition allemande par Ernest JAEGLÉ, professeur à l'École spéciale militaire de Saint-Cyr. 2ᵉ édition. 1895. Un volume in-8 de 626 pages, avec 44 plans, broché. . . . . **10 fr.**

La Guerre de 1870-1871. *Résumé historique,* traduit de l'allemand. 1888. (Ouvrage honoré d'une souscription par le Ministère de la Guerre.) Volume in-12, broché. **2 fr. 50**

Journal d'un officier de l'armée du Rhin, par le général FAY. 5ᵉ édition, revue et augmentée. 1890. Un volume in-8 de 410 pages, avec une carte des opérations, br. **5 fr.**

Impressions de campagne (1870-1871). *Siège de Strasbourg. Campagne de la Loire. Campagne de l'Est,* par H. BEAUNIS, ancien médecin en chef de l'ambulance de la 1ʳᵉ division du 18ᵉ corps. 1887. Un volume in-12, broché. . . . . **3 fr. 50**

L'Empereur Guillaume. *Souvenirs intimes,* par Louis SCHNEIDER, revus et annotés par l'Empereur sur le manuscrit original. Traduit de l'allemand par Ch. RABANY. 1888. Trois beaux volumes grand in-8, avec fac-similé, brochés . . . . **24 fr.**
    La plus grande partie de l'ouvrage est consacrée aux campagnes de 1866 et de 1870-1871.

Les Régiments de la division Margueritte et les charges à Sedan, par le général ROZAT DE MANDRES. 1908. Un volume grand in-8 de 305 pages, avec 5 cartes, 8 portraits et 8 photogravures, broché. . . . . **7 fr. 50**

La Vérité sur le siège de Bitche (1870-1871). Les quatre missions de l'auteur : leur but, leur résultat, par le capitaine MONDELLI, adjoint au commandant de la place de Bitche. (Couronné par l'Académie française.) 1900. Un vol. in-12 de 300 pages, br. **3 fr. 50**

Une Mission diplomatique en octobre 1870, *de Paris à Vienne et à Londres,* par F. REITLINGER, avocat à la Cour d'appel de Paris. 1899. Un volume in-12, broché, couverture en couleurs. . . . . **3 fr. 50**

Foi et Patrie. Discours prononcés pendant le siège de Paris (1870-1871), par le pasteur Ernest DHOMBRES. Avec une introduction et des notices résumant l'histoire du siège. Nouvelle édition, avec une préface de M. Benjamin COUVE, et un portrait en héliogravure. 1896. Un beau volume in-8, broché . . . . **4 fr.**

Le 17ᵉ corps à Loigny, d'après des documents inédits et les récits des combattants, par le commandant H. DE SONIS, chef de bataillon en retraite. 1909. Un volume in-8 de 493 pages, avec 8 croquis et 1 carte, broché. . . . . **6 fr.**

La Couverture au cours de la Campagne de l'Est (1870-1871), par S. BOURGUET, capitaine d'artillerie breveté. 1906. Grand in-8, 61 pages, avec une planche de 13 croquis hors texte, broché. . . . . **2 fr.**

La Guerre sur les communications allemandes en 1870. *Première campagne de l'Est. Campagne de Bourgogne,* par J.-B. DUMAS, capitaine d'infanterie breveté d'état-major. 1891. (Mention honorable de l'Académie française.) Un volume in-8 de 345 pages, avec 3 cartes, broché. . . . . **7 fr. 50**

Le Colonel Bourras, par ARDOUIN-DUMAZET, rédacteur militaire et maritime du *Temps.* Suivi du *Rapport sur les opérations du corps franc des Vosges,* par le colonel BOURRAS. 1892. Brochure in-12, avec un portrait. . . . . **60 c.**

Les Batailles de Nuits. Texte et dessins par Charles RÉMOND. 2ᵉ édition. 1884. Grand in-8, avec 14 gravures et 4 cartes, titre rouge et noir, broché. . . . . **5 fr.**

Essai sur l'emploi de la Cavalerie. Leçons vécues de la guerre de **1870**, *et faites en 1895 à l'École supérieure de guerre,* par le colonel CHERFILS, commandant le 7ᵉ dragons, ancien professeur à l'École supérieure de guerre. 1899. Un volume grand in-8 de 708 pages, avec un atlas in-4 comprenant une carte générale grand in-folio et 10 croquis en couleurs . . . . **15 fr.**

La Cavalerie allemande pendant la guerre de 1870-1871. *Étude tactique,* par Jules DE CHABOT, colonel du 10ᵉ régiment de hussards. Nouvelle édition, corrigée et augmentée. 1899. Un volume in-8 de 429 pages, avec 5 cartes, broché. . . . **7 fr. 50**

Le Traité de Francfort. *Étude d'histoire diplomatique et de droit international,* par Gaston MAY, professeur à l'Université de Paris. 1909. Un volume in-8 de 358 pages, avec 3 cartes, broché . . . . **6 fr.**

Guerre de 1870-1871. *Aperçu et commentaires,* par Pierre Lehautcourt (Général Palat). Tome I. *Destruction des armées impériales.* — Tome II. *Les Armées de la Défense nationale.* 1910. Deux volumes in-8 formant 737 pages, avec 5 cartes. Les deux volumes, brochés . . . . **10 fr.**

Histoire de la Guerre de 1870-1871, par le même. Ouvrage en 15 volumes in-8 avec cartes, brochés. Prix d'ensemble des 15 volumes (au lieu de **96 fr. 50**). . . . **75 fr.**

La Stratégie de Moltke en 1870, par le même. 1907. Un volume in-8 de 400 pages, avec 22 cartes hors texte, broché . . . . **10 fr.**

Le Premier Déploiement stratégique des Allemands en 1870, par le même. 1903. Brochure grand in-8, avec 4 croquis hors texte . . . . **1 fr.**

Relation de la bataille de Frœschwiller, livrée le 6 août 1870. Nouvelle édition. 1890. Volume in-8, avec 1 carte, broché . . . . **3 fr. 50**

Récits sur la dernière guerre franco-allemande (du 17 juillet 1870 au 10 février 1871). *Wissembourg, Frœschwiller (Reichshoffen ou Wœrth). Sedan. Siège de Paris,* par C. Sarrazin, ancien médecin en chef de l'ambulance de la 1re division du 1er corps, etc. 1887. Volume in-12, broché . . . . **3 fr. 50**

Wissembourg au début de l'invasion de 1870. Récit d'un sous-préfet, par Edgar Hepp. 1887. Un volume grand in-8, broché. . . . . **3 fr.**

Spicheren (6 août 1870), par le lieutenant-colonel Maistre, du 79e régiment d'infanterie, ancien professeur à l'École supérieure de guerre. Préface de M. le général Langlois, ancien membre du Conseil supérieur de la guerre. 1908. Un volume gr. in-8 de 428 pages, avec 9 cartes et 10 vues panoramiques hors texte, broché . . . . **12 fr.**

La Cavalerie des Ire et IIe armées allemandes dans les journées du 7 au 15 août 1870, par G. Pelet-Narbonne, général-lieutenant. Traduit de l'allemand par le lieutenant-colonel P. Silvestre, chef d'état-major de la 4e division de cavalerie. 1901. Un volume grand in-8 de 270 pages, broché. . . . . **4 fr.**

La Brigade de Goltz à Borny, par le lieutenant P. Courteau. 1910. Brochure grand in-8 de 35 pages, avec une planche. . . . . **1 fr. 25**

Études sur la journée du 16 août 1870, par le capitaine F. Canonne. 1909. Un volume grand in-8 de 252 pages, avec 9 planches et 3 croquis, broché . . . . . . **7 fr.**

Études sur le 18 août 1870, par le capitaine Roy. Avec une préface de M. le général Langlois. 1911. Un volume grand in-8 de 254 pages, avec 3 croquis, 6 cartes et 3 vues panoramiques, broché . . . . **6 fr.**

L'Artillerie dans la bataille du 18 août. *Essai critique de considérations sur l'artillerie de campagne à tir rapide,* par le lieutenant-colonel Gabriel Rouquerol, sous-chef d'état-major du 6e corps d'armée. 1906. Un volume in-8 de 519 pages, avec 7 croquis panoramiques et 7 plans avec 18 transparents, broché . . . . **12 fr.**

En marge de la bataille de Rezonville, par le général Cherfils. 1908. Grand in-8, avec 4 planches, broché. . . . . **2 fr. 50**

Les Avant-gardes à l'armée de Châlons le jour de Sedan, par le capitaine S. Bourguet. 1907. Brochure grand in-8 de 36 pages . . . . **1 fr. 50**

Études de marches. Iéna-Sedan. Textes, tableaux et cartes des marches de la *Grande Armée en 1806* (jusqu'à Berlin), et des *Armées allemandes en 1870* (du 31 juillet au 1er septembre). Suivi des tableaux des marches de la Grande Armée en 1805 (campagne d'Austerlitz), et des armées prussiennes en 1866 (campagne de Bohême), par le général Fay. Nouvelle édition refondue et augmentée. 1899. Album-portefeuille grand in-4, comprenant 56 pages de texte, 36 pages de tableaux et 2 superbes cartes de marches en 5 couleurs, grand in-folio. . . . . **10 fr.**

La Retraite sur Mézières le 1er septembre 1870. Deux réponses à M. Alfred Duquet, par un Officier supérieur. Avec le fac-similé d'un billet du général de Wimpffen au général Ducrot. 1904. Un volume grand in-8 de 195 pages, broché. . . . . . **3 fr.**

Encore la Retraite à Sedan. Réplique à « *La Retraite à Mézières* » par un *Officier supérieur,* par Alfred Duquet. 1903. Un volume grand in-8 de 119 pages, broché. **2 fr.**

Nancy, impr. Berger-Levrault.

9 782013 743358